스타트업 시대에 PM, 프로덕트 매니저로 사는 법

스타트업 시대에 PM, 프로덕트 매니저로 사는 법

저　자 l 최기원
펴낸이 l 최용호

펴낸곳 l (주)러닝스페이스(비팬북스)
디자인 l 최인섭, 박지숙
주　소 l 서울시 서대문구 연희동 340-18, B1-13
전　화 l 02-857-4877
팩　스 l 02-6442-4871

초판1쇄 l 2016년 11월 21일
등록번호 l 제 12609 호
등록일자 l 2008년 11월 14일
홈페이지 l www.bpanbooks.com
전자우편 l book@bpanbooks.com

이 도서의 저작권은 저자에게 있으며 저자 및 출판사의 허락 없이 일부 혹은 전체 내용을 무단복제하는 행위는 저작권법에 저촉됩니다.

 값 17,000원
ISBN 978-89-94797-29-8 (93320)

비팬북스는 (주)러닝스페이스의 출판 부문 사업부입니다.

이 도서의 국립중앙도서관 출판예정도서목록(CIP)은 서지정보유통지원시스템 홈페이지 (http://seoji.nl.go.kr)와 국가자료공동목록시스템(http://www.nl.go.kr/kolisnet)에서 이용하실 수 있습니다.(CIP제어번호: 2016026919)

스타트업 시대에
PM, 프로덕트 매니저로 사는 법

최기원 지음

서문

'고객과 시장을 리드하는 제품을 만드는 자'

프로덕트 매니저에 대해 필자가 내린 정의다.

이 책의 주제인 제품 관리자, 즉 프로덕트 매니저라는 직종은 원래 소비재부터 시작된 직종으로서 지금은 제약 회사, 유통, IT 등 거의 모든 회사에서 필요한 직종이다.

필자가 근무하는 분야가 B2B(Business-to-Business) 시장 및 IT 분야이므로 이 분야에 대한 내용들이 많이 언급되어 있기는 하다. 하지만, 필자가 B2B 및 IT 시장에 속해있을 뿐 이 책의 내용이 특정 분야의 독자들만을 대상으로 하는 것은 아니다.

프로덕트 매니저는 왜 그다지 알려지지 않았을까?

일반 소비재 관점에서 쓰여진 브랜드 매니지먼트에 대한 책은 무수히 많다. 하지만 실제 그 브랜드를 관리하고 총괄하는 프로덕트 매니저에 대한 책은 시중에 거의 찾아볼 수가 없다. 이는 다수가 소유하는 직업이 아닌 소수만이 가지는 직업이기 때문이다. 대부분의 외국계 회사에서 프로덕트 매니저는 제품마다 1명에서 많으면 2명 정도까지만 존재하기 때문에 프로덕트 매니저 타이틀을 달고 있는 사람은 극소수이다. 그만큼 회사 내에서 중요한 직책을 수행하는 인원이다. 하지만 극소수라고 해서 파급 효과가 작다고 생각하면 오산이다.

우리가 알고 있는 지금은 고인이 된 애플의 스티브 잡스가 CEO이자 대표적인 프로덕트 매니저이다. 스티브 잡스는 아이팟, 아이폰, 아이패드 제품에 대해 직접 프로덕트 매니저의 역할을 수행하며 제품의 기획부터 제품 런칭까지 모든 과정을 누구에게도 맡기지 않고 본인이 직접 총괄했다.

특히, 아이폰은 스마트폰 역사상 가장 빠르게 전 세계에 전파된 혁신 제품으로서 큰 의의가 있다. 이러한 혁신적인 제품을 기획하고 시장에 전파하여 고객 가치 제공 및 고객을 리드하는 것이 프로덕트 매니저가 하는 역할인 것이다.

프로덕트 매니저는 제품의 기획 및 생성에서 소멸에 이르기까지 제품 라이프 사이클의 모든 과정에 관여해야 하는 직군이므로 단순히 제품을 판매해야 하는 영업사원이 할 수 있는 일이 아니다. 마케터 또한 제품의 기획이나 소멸까지의 과정을 관리하기보다는 제품을 알리고 홍보하는 역할이 좀 더 강하기 때문에 이 또한 적합하지 않다. 프로덕트 매니저는 영업과 마케팅 및 신기술 전파의 모든 역할을 수행해야 한다. 때로는 영업과 함께 판매에 대한 부분을 깊이 고민해야 하며 마케팅 부서와 함께 제품의 마케팅 전략을 수립해야 하는 중요한 역할을 수행하기도 한다. 대내외 제품 소개를 위한 회사의 대표 프리젠터가 되어야 하며 제품의 기술적인 부분에서도 마스터가 되어야 한다. 또한, 제품 제안에 대한 부분에도 프로덕트 매니저가 깊숙히 관여해야 한다. 이처럼 중요한 역할을 하나의 영역만 담당하는 부서가 해낼 수는 없다. 이러한 부분을 전문적으로 수행하는 프로덕트 매니저는 반드시 회사에 존재해야 한다. 그래서 프로덕트 매니저를 '미니 CEO'라고 지칭하기도 한다.

프로덕트 매니저는 누구라도 도전할 수 있다.

스펙과 학력은 프로덕트 매니저의 기본 요건이 아니다. 다양한 성공 경험을 가진 프로덕트 매니저 1명은 쓰러져 가는 기업의 제품을 되살려낼 수도 있는 중요한 인재로서 평가받는다. 제품의 성공이 본인의 성공이 되기 때문에 제품이 성공하면 프로덕트 매니저의 브랜드 가치는 천정부지로 솟아오른다. 당연히 경쟁사나 헤드헌터의 영입 순위 1순위가 되고 여러 번의 성공적인 이직을 거친 프로덕트 매니저는 억대 연봉을 받을 수 있는 그야말로 슈퍼스타가 될 수 있다. 필자는 그런 몇몇 프로덕트 매니저들을 이미 알고 있다. 산업군에 크게 영향을 받지 않기 때문에 여러 산업 분야를 넘나들면서 다양한 경험을 쌓을 수 있다.

프로덕트 매니저는 멋진 직업이다. 정말 해 볼만한 직업이다.

온전히 자신의 제품 및 브랜드를 가지고 주어진 권한 내에서 자신만의 전략으로 시장에서 멋지게 도전해 볼 수 있다. 또한 벤더의 해외 교육에 수시로 참가하여 누구보다도 신기술을 발빠르게 익힐 수 있다. 사내 최고 전문가로서의 위치를 가짐과 동시에 회사의 얼굴이며 제품 총 책임자다. 기획, 마케팅, 프리젠테이션 등에서 전문 경험을 쌓을 수 있기 때문에 전략 기획자, 마케터, 전문 강사 등 다양한 분야로의 진출도 고려할 수 있다. 또한, 어느 정도 경력이 쌓이면 스타트업으로써 독립을 준비할 수 있는 가장 적합한 직업이다.

미래에는 더 다양한 제품 및 스타트업 기업이 늘어날 것이므로 프로덕트 매니저의 수요 또한 점점 더 증가할 것이다. 아직 프로덕트 매니저가 국내에 많이 알려져 있지 않기 때문에 지금부터 준비한다면 향후 취업이나 이직 시 중요한 인재로 대접받을 수 있다.

대한민국 성장율 제로의 청년 고용 절벽 시대다. 대한민국의 대졸 취업은 앞으로 5년간 비전이 보이지 않는다. 그 이상이 될 수도 있다. 심지어 50대의 아버지뻘 되는 은퇴자와 직장을 놓고 경쟁해야 하는 슬픈 현실에 놓여 있다. 그럼 이제 어떻게 해야 할 것인가?

아직은 기회가 남아 있다. 그중 하나가 바로 필자가 이제부터 제시할 프로덕트 매니저 직종이다. 지금 당장 프로덕트 매니저에 도전하라!

끝으로 이 책이 출간되도록 많은 도움 주신 보안 프로젝트 조정원 작가님에게 이 자리를 빌어 감사의 말씀을 전한다. 멋진 표지와 편집을 해 주신 비팬북스 최용호 대표님 이하 관계자 분들께도 감사드린다. 원고 쓰느라 많은 시간 함께하지 못했던 아내 김혜숙과 두 딸들(최재영, 최정윤)에게 사랑한다는 말을 전하고 싶다.

목차

1 | 프로덕트 매니저는 평생 직업, 스타트업 시대를 여는 열쇠다 · 14

1.1 경쟁사나 헤드헌터의 스카우트 1순위가 된다 · 15

1.2 스펙 따위 안드로메다로 날려버릴 수 있다 · 19

1.3 퍼스널 브랜드 가치가 상승한다 · 23

1.4 직급에 관계없이 본인의 능력껏 일할 수 있다 · 26

1.5 산업군에 관계없이 일할 수 있다 · 29

1.6 스타트업 시대, 모든 경험이 자신의 것이 된다 · 32

2 | 프로덕트 매니저에 대한 흔한 오해들 · 36

2.1 프로덕트 매니저는 마케터다? · 37

프로덕트 마케팅 매니저가 되어라 · 38

2.2 프로덕트 매니저는 프로젝트 매니저다? · 41

2.3 프로덕트 매니저는 제품 기획만 잘하면 된다던데? · 45

비즈니스 능력이 있어야 한다 · 46

2.4 프로덕트 매니저는 직급이 높은 사람만 한다고? · 48

2.5 프로덕트 매니저는 자기 제품만 잘하면 된다고? · 53

2.6 B2B 시장에서는 프로덕트 매니저가 필요 없다고? · 56

B2B 프로덕트 매니저는 마케팅과 영업을 이어주는 다리다 · 56

마케팅도 테크니컬 마케팅으로 변하고 있다 · 58

3 | 저도 외국계 IT 프로덕트 매니저 해 보고 싶은데요 · 60

3.1 사회 초년생, 외국계 프로덕트 매니저에 도전해봐 · 61

3.2 프로덕트 매니지먼트 히스토리 · 65

3.3 우리가 알고 있는 유명한 CEO는 모두 프로덕트 매니저다 · 69

3.4 프로덕트 매니저의 일상 · 72

3.5 천기누설, 프로덕트 매니저의 연봉이 궁금해 · 77

3.6 제가 한번 프로덕트 매니저 해보겠습니다(프로덕트 매니저가 되는 방법들) · 80

4 | 억대 연봉을 받는 스타, 프로덕트 매니저의 7가지 비밀 핵심 역량 · 84

4.1 제품의 복음 전도사, 그 이름 에반젤리스트 · 85

4.2 제품 기획은 전략가처럼 엣지있게(제품 기획 역량) · 88

    액션이 중요하다 · 90

    실행 후의 뿌듯함 · 91

4.3 마케팅이 바로 서야 제품이 산다(마케팅 전략 수립 역량) · 93

4.4 제품 홍보는 연예인만 하는 게 아니다(프리젠테이션 역량) · 97

    프리젠테이션, 뻔뻔함으로 승부하라 · 100

4.5 혼자 가지 말고 같이 가라(커뮤니케이션 역량) · 104

4.6 무조건 바쁜 게 능사가 아니다(시간 관리 역량) · 107

    집중할 수 있는 시간을 찾아라 · 109

4.7 다기능 팀을 효율적으로 관리하라(조직 관리 역량) · 110

5 | 예비 프로덕트 매니저 및 초보 프로덕트 매니저를 위한 10가지 조언 · 114

5.1 그대, 열정의 화신이 되어라 · 115

    항상 현재 트렌드에 본인의 제품을 접목하라 · 117

    제품 교육을 타인에게 맡기지 마라 · 117

5.2 자신의 제품에 대한 믿음이 있어야 한다 · 119

    안팔린다고 주눅들지 말고 팔리는 시점까지 인내하라 · 119

    팀장은 나를 지지해 주는가? · 121

상사의 상사까지 설득하라 · 122

5.3 자신만의 영역을 발굴하라(차별화 데이터베이스를 구축하라) · 124

　　　본인이 남보다 잘하는 게 하나라도 있으면 그것이 차별화다 · 124

　　　약점은 강점으로 덮어라 · 127

5.4 정체성의 혼란을 극복하라 · 128

5.5 스스로 생각하고 먼저 저질러라 · 132

　　　아이디어를 관리하라 · 133

　　　일단 저질러라 시작이 반이다! · 135

5.6 대내외 교육은 적극적으로 참가하라 · 136

　　　교육 후에 전달 교육은 반드시 실시하라 · 137

5.7 테크니컬 마케터가 대세다 · 140

　　　데이터 기반의 테크니컬 마케터를 지향하라 · 141

5.8 일관적인 경력 관리 정말 중요하다 · 143

　　　그대 경력 관리하고 있는가 · 143

　　　엔지니어 혹은 개발자에서 PM으로 전환한 경우 · 143

　　　마케팅 혹은 기획자에서 PM으로 전환한 경우 · 144

　　　하나의 분야만 고집하지 마라 · 146

　　　이직은 신중하게 · 147

5.9 전문 용어와 회화 패턴만 알아도 외국인과의 업무가 가능하다 · 149

5.10 책을 써서 자신을 브랜딩하라 · 155

6 | 미니 CEO, 프로덕트 매니저의 시대가 온다 · 160

6.1 한번쯤은 프로덕트 매니저를 해봐라 · 161

    책임질 때 지더라도 폼나게 일해라 · 162

6.2 프로덕트 매니저는 오케스트라의 지휘자다 · 164

    팀 간 서로의 하모니가 중요하다 · 165

6.3 공부가 취미인 그대, 프로덕트 매니저로 성공하라 · 167

    트렌드에 민감해야 새로운 기회가 온다 · 170

6.4 프로덕트 매니저로 스타트업 시대를 준비하라 · 172

    프로덕트 매니저로 다가올 스타트업 시대를 준비하라 · 173

에필로그: 한국의 프로덕트 매니저 10만 양성을 기대하며 · 176

Q&A: 프로덕트 매니저가 되고 싶은 사람들을 위한 Q&A · 182

1장 프로덕트 매니저는 평생 직업, 스타트업 시대를 여는 열쇠다

1.1 경쟁사나 헤드헌터의 스카우트 1순위가 된다

1.2 스펙 따위 안드로메다로 날려버릴 수 있다

1.3 퍼스널 브랜드 가치가 상승한다

1.4 직급에 관계없이 본인의 능력껏 일할 수 있다

1.5 산업군에 관계없이 일할 수 있다

1.6 스타트업 시대, 모든 경험이 자신의 것이 된다

1.1 경쟁사나 헤드헌터의 스카우트 1순위가 된다

청년 고용 절벽 시대가 가속화되고 있다.

최근 통계청의 '2014 임금근로일자리 행정통계' 조사에 따르면 신규 일자리도 20대가 가장 적다고 한다. 연령대별 일자리 점유율은 30대 27.9%(476만 3000개), 40대 26.8%(475만개), 50대 18.9%(322만개), 60세 이상 7.5%(127만개) 등의 순서로 밝혀졌다. 전체 일자리의 73.6%를 30~50대가 점유한 셈이다. 2013년에 50대가 처음으로 20대를 앞지른 이후로 이러한 현상은 가속화되고 있다.

청년들의 취업은 날이 갈수록 어려워지고 있다. 이를 반영하듯 취업 포기자도 날로 늘어나고 "캥거루족" 같은 신조어도 생겼다. 캥거루족은 취업이 되지 않아 부모로부터 독립하지 못하고 부모와 함께 사는 사람들을 일컫는 말이다.

운 좋게 취업을 했다고 치자. 대기업에 다니든 중소기업에 다니든, 1년을 채우지 못하고 직장을 그만두는 경우도 1/4 정도가 된다고 한다. 어렵사리 취업해서 열심히 하지만 왠지 자신이 그렸던 꿈과는 자꾸 멀어지는 것 같다. 연봉도 생각했던 것과는 너무 다르다. 그래서 잘 다니던 직장을 그만두고 다시 취준생이 되는 경우도 허다하다.

직업의 세계에서도 부익부 빈익빈 현상은 존재한다. 우리는 무조건 대기업이 좋은 줄 알지만 숨겨진 알짜 직업들이 상당히 많다. 특히 지금부터 알려주는 외국계 프로덕트 매니저의 경우도 숨겨진 알짜 직업이다.

국내 기업과 외국계 기업의 차이점은 이미 많은 이들이 어렴풋이 알고 있을 것이다. 하지만 구체적으로 어떠한 부분이 다른지는 잘 모르는 경우가 많다. 요즘은 대학생들도 기업 탐방을 통해 이러한 정보들을 많이 알고 있는 것 같지만 밝혀지지 않는 부분이 더 많은 것이 사실이다. 그중에서도 연봉 정보는 기업마다 비밀이기 때문에 이러한 정보를 알아내기란 쉽지 않다. 이 부분에 대해서는 다른 장에서 다시 언급하겠다.

그러면 이제부터 숨겨진 직업 중 하나인 프로덕트 매니저를 파헤쳐 볼까 한다. 사실 숨겨진 것은 아니고 잘 알려지지 않았다고 보는 것이 좋겠다.

프로덕트 매니저는 기업의 미니 CEO이다. 제품을 총괄하는 자리에 있다. 기업은 항상 제품을 시장에 내 놓고 제품을 많이 팔기 위해 여러 가지 전략이나 마케팅 방안을 강구한다. 하나의 제품 혹은 다수의 제품에 대한 전략 수립이나 회사 전체의 정책을 결정해야 하는 자리가 바로 프로덕트 매니저이다. 그러다 보니 많은 사람을 채용하지 않는다. 채용하는 사람 수는 그렇게 많지 않지만 한 회사의 제품에 중요한 영향을 미치는 사람이므로 신중하게 선택해야 한다. 자연스럽게 희소성이 생긴다. 희소성이 생긴다는 것은 인력 시장에서 몸값이 높다는 이야기다.

시장에서 신상품을 히트시켰다고 생각해보자.

제품이 시장에서 히트해서 회사가 수십 수백 배의 돈을 벌었다고 생각한다면 회사 입장에서는 제품을 기획하고 출시한 프로덕트 매니저를 아주 소중하게 생각할 것이다. 이렇게 되면 시장에서 프로덕트 매니저의 가치는 아주 빠르게 상승한다.

일단 경쟁사들이 눈여겨 볼 것이다. 몇 배의 몸값을 들여서라도 이런 능력 있는 프로덕트 매니저를 수배하고자 할 것이다.

또한 이런 사람은 헤드헌터의 아주 좋은 먹잇감(?)이 된다. 헤드헌터들은 시장에서 이런 능력을 입증한 사람들에 목말라 있다. 그래서 역량 있는 프로덕트 매니저는 헤드헌터의 스카우트 1순위로 등록될 것이고 귀찮을 정도로 헤드헌터들의 러브콜을 받을 것이다.

국내 기업보다 외국계 기업에 근무할수록 이러한 현상이 심하다. 외국계 기업은 실적을 우선으로 따지기 때문에 실적을 낼 수 있는 인재를 항상 원하고 있다. 능력 우선이기 때문에 스펙이나 학력을 별로 따지지 않는다. 본인의 능력만 출중하다면 외국계 기업에서 활동할 것을 추천한다. 대부분의 학생들은 국내 대기업에서 안전하게 오래 근무하고 싶어한다. 하지만 그런 시대는 이젠 지나가고 있다. 국내 기업도 고용에 대한 부분이 예전보다 많이 약해졌다. 대기업에 들어가도 30년 이상 근무할 수 있다는 망상은 더 이상 하지 않는 것이 좋다. 그 보다는 본인의 능력과 이상이 있다면 외국계 기업에서 꿈을 펼쳐 보아라. 대기업 부장이 되기까지 10년 걸린다면 외국계 기업에서는 그 반인 5년 정도만 있어도 부장이 될 수 있다. 그 뿐인가! 국내 대기업에 비해 최소 2배 이상의 연봉을 받을 수 있다. 30대 초반에 억대 연봉을 받는 것이 더 이상 꿈이 아니라는 말이다. 이미 내 주위에는 그러한 꿈을 이룬 친구들이 여럿 있다. 어떤 직군이 그렇다고? 그렇다 지금 알려주는 프로덕트 매니저가 그러한 꿈을 단기간에 이루는 직업이 될 수 있다.

기왕 도전하려면 제대로 된 직업에 도전해 보아라. 10년, 20년을 고생해야 하는 직업이 아닌 도전적이지만 시장의 스타로 거듭날 수 있는 직업, 프로덕트 매니저에 도전하라.

1.2 스펙 따위 안드로메다로 날려버릴 수 있다

스펙이 전부인 시대다. 무스펙도 스펙이라고 했던가. 기업 시장에서 스펙이라는 말이 언제부터 나왔는지 모르겠지만 요즘 취업 시장은 스펙으로 시작해서 스펙으로 끝나는 것 같다. 경험도 따지고 보면 스펙에 들어가니 기업에 취업하기 위해 현재의 대학생들이 감내해야 하는 고통은 너무 큰 것 같다.

15년 전의 필자는 스펙이 전혀 없었다. 전문대를 졸업했기에 4년제를 졸업한 대학생들에 비해 경쟁력이 없었다. 토익은 고사하고 영어 스피킹 시험은 그 당시에 존재하지도 않았다. 하지만 필자는 현재 외국계 제품을 판매하는 대기업을 다니고 있으며 회사 내에서 중요한 제품군의 프로덕트 매니저로 활동하고 있다.

스펙이 위주였다면 필자는 절대로 현재 회사에 다닐 수 있는 사람이 아니다. 하지만 회사의 미래를 책임지는 핵심 제품군의 프로덕트 매니저로 직무를 수행하고 있다. 무엇이 차이점일까? 바로 차별화된 경험이다.

다른 직업도 비슷할 수 있겠으나 특히 프로덕트 매니저의 경우 기술과 경험이 중요하다. 프로덕트 매니저는 다른 학문처럼 이론으로 배울 수 있는 것이 아니다.

그래서 프로덕트 매니저는 "on-the-job"의 특징을 가지고 있다. 순전히 경험에 의해서만 얻어지는 직업이기 때문이다. 대부분의 학생들이 학교에서 마케팅을 배운다. 마케팅 직군은 가장 인기 있는 1순위 직업이다. 학교에서는 마케팅을 B2C(Business-to-Customer), 즉 일반 소비재 위주의 마케팅 차원에서만 배우기 때문에 산업재인 B2B(Business-to-Business)에 대한 마케팅은 거의 배우지 않는다. 그도 그럴 것이 학생들의 입장에서는 당장 B2B 관련 마케팅을 배울 필요가 없기 때문이다. 학문으로서의 접근도 B2B보다는 B2C 영역이 많이 발전해왔는데, 일반적으로 접하기 쉽기 때문이기도 했다. 하지만 프로덕트 매니저는 B2C보다는 B2B 영역에 좀 더 가깝다.

그렇다면 스펙 없이 원하는 프로덕트 매니저가 되기 위해서는 어떻게 해야 할까?

첫 번째, 본인이 뛰어들고 싶은 해당 산업에 대해 사전에 공부하라.

B2B에서는 해당 산업에 대한 이해 및 경험이 반드시 필요하다. 그 산업에 관련된 기술을 습득하지 않으면 접근하기 쉽지 않기 때문에 취준생 입장에서는 쉽지 않은 것도 사실이다. 하지만 잘 생각해 보면 여기에 해답이 있다. 역으로 생각하면 해당 산업에 대한 이해를 바탕으로 준비한다면 차별화할 수 있다는 것이다.

특히 면접을 보면 B2B 분야를 준비한 학생들과 그렇지 않은 학생들 간 차이가 크다. 해당 기업이 속한 산업을 공부하고 온 면접생들은 면접을 볼 때 크게 점수를 얻는다. 일단 면접관들의 관심이 집중된다. 예를 들어, 필자가 근무하고 있는 회사는 기업 스토리지를 전문으로 하는 회사이다. 가장 기본적인 지식으로 RAID라는 스토리지 기초 지식이 있는데 이를 질문으로 많이 물어본다. 하지만 우리 회사에 지원하는 대부분의 학생들은 RAID가 무엇인지 잘 모른다. 해당 산업에 대한 이해를 하고 오지 않았기 때문에 알 리가 없다. 이미 시중에 그러한 기술을 알려주는 책들이 여러 권 나와 있음에도 불구하고 준비 없이 무작정 면접을 보는 것이다. 하지만 어느 정도 산업과 해당 분야의 기술을 공부하고 온 면접자는 면접관들로부터 높은 점수를 받을 수 있고 해당 분야에 경험이 없다고 하더라도 면접관들이 경청해서 들어준다. 나중에 그러한 친구들이 합격하게 되는 것은 두말할 것도 없다.

두 번째, 프로덕트 매니저로 성공한 선배들을 통해 인맥을 넓혀라.

프로덕트 매니저 직군은 제품 당 1명씩만 존재하므로 많은 사람을 뽑지 않는다. 하지만 각 프로덕트 당 사수 부사수의 개념으로 인원을 채용하는 경우도 많이 있다. 들어가고 싶은 산업군의 선배들이나 조언을 구할 수 있는 사람들과의 네트워크를 형성하라. 외부 세미나 등을 통하면 전문가들을 만날 수 있고 그들을 통해 많은 정보를 얻을 수 있다. 일전에 B2B 세미나에 학생들이 몇 명 지원하는 적이 있었는데 후원해 주시는 사장님께서 흔쾌히 개인당 20만원 가까이 되는 참가 비용 지원을 아끼지 않으면서 무료로 초대해 주시는 것을 보았다. 이처럼 기회는 얼마든지 열려 있다. 또한 배우고자 한다면 잘 모르는 사람들도 호의적으로 대해주기 때문에 서슴지 말고 기업의 담당자들과 교류하기 위해 노력하라.

마지막으로, 일단 경험해 보라.

대기업에 너무 목숨 걸지도 마라. 시작은 작게 해도 상관없다. 본인이 담당해야 할 제품과 경험이 중요하다. 필자는 대기업도 경험했지만 50명도 안되는 중소기업도 경험했다. 대기업이나 중소기업을 가는 기준은 연봉 따위가 아니라 담당하는 시장과 제품이 되어야 한다. 제품을 통해 많은 경험을 쌓는 일이야 말로 향후 더 발전하고 더 좋은 자리로 갈 수 있는 기회를 얻기 위해 꼭 필요하다. 취업을 준비하는 학생들은 본인이 취업하려는 산업을 공부하고 제품에 대해 이해하라. 취업에 성공할 수 있는 기회를 더 많이 만들어 줄 것이다.

스펙이 모든 것이 아니라 경험이 모든 것이 되도록 준비하라. 도서관에 앉아서 토익 공부하느니 그 시간에 해당 산업과 제품에 대해 공부하고 포트폴리오로 지식을 정리하라. 프로덕트 매니저가 되어서 스펙 따위는 안드로메다로 보내버리고 시장과 산업을 리드하는 스펙을 초월한 온리원이 되어라. 전문대만 졸업한 필자도 했다. 당신도 반드시 할 수 있다.

1.3 퍼스널 브랜드 가치가 상승한다

바야흐로 퍼스널 브랜드의 시대이다. 퍼스널 브랜드를 우리말로 하면 "개인 브랜드"이다. 브랜드란 무엇인가? 브랜드는 어떠한 제품이나 서비스를 나타내는 상징, 기호, 이미지 같은 것이다. 제품이 '물질적으로 존재하는 것'이라면 브랜드는 '고객들의 마음속에 존재하는 어떤 것'이다. 벤츠 자동차에서 '상류사회의 사람들이 타는 고급 이미지'가 떠오른다면 브랜드 전략이 성공한 셈이다. 애플이라는 회사를 나타내는 브랜드 이미지는 "혁신"이다. 이와 같이 브랜드는 그 회사나 제품을 대표하는 마음속에 떠오르는 이미지라고 할 수 있다.

브랜드를 이제 개인에게로 가져와 보자. 기업에 해당하는 브랜드가 있다면 개인에게 해당하는 브랜드도 있을 것이다. 김연아를 떠올렸을 때의 브랜드는 어떤 것인가?

세계 최고의 피겨 스케이팅 여왕이라는 이미지가 떠오른다. 박지성을 떠올렸을 때의 브랜드는 어떤 것인가? 한국인 최초의 맨체스터유나이티드 프리미어 리거라는 이미지가 떠오를 것이다. 이렇듯 어떤 개인을 브랜드화시키는 것을 퍼스널 브랜딩이라고 한다. 자신의 분야에서 최고의 대우를 받으려면 반드시 자신을 브랜딩해야 한다. 경쟁사에서, 헤드헌터에게서 항상 주목받고 러브콜을 받는 최고의 인재가 되고 싶은가? 억대 연봉의 고속열차에 올라타고 싶은가?

그렇다면 답은 하나다. 프로덕트 매니저로서 고객 가치를 극대화시키는 제품을 만드는 것이다.

제품이 성공하면 프로덕트 매니저의 퍼스널 브랜드는 어떻게 바뀌는가?

첫 번째로, 본인이 담당하는 제품을 통해 고객의 가치를 극대화시키면 자연스럽게 시장에서 본인 자신의 브랜드 파워가 올라간다. 시장에서 성공한 제품은 곧 성공한 프로덕트 매니저로 인식되기 때문이다.

두 번째로, 해당 분야 전문가로서의 지위를 얻게 된다. 특히, 차별화된 컨셉으로 시장에서 대체할 경쟁 제품이 없다면 프로덕트 매니저는 제품의 온리원 전문가로서의 독보적 위치를 선점할 수 있다. 애플의 스티브잡스를 보라. 기존에도 스티브잡스는 IT 시장에서 독보적인 전문가였다. 하지만 아이폰이라는 혁신적인 차별화된 제품을 출시한 이후 스마트폰=스티브잡스라는 공식을 부정할 사람은 아무도 없다. 스티브잡스는 스마트폰 업계에서 온리원의 독보적 전문가인 것이다.

세 번째로, 프로덕트 매니저로서의 퍼스널 브랜드 가치가 올라가면 경쟁사나 헤드헌터로부터 스카웃 제의를 수시로 받는다.

시장에서 히트하는 제품을 런칭하는 프로덕트 매니저는 본사의 관심을 한몸에 받는다. 각종 인센티브와 연봉 상승의 달콤한 열매를 맛볼 수 있다. 그뿐이랴. 단숨에 시장에서 스타가 되기 때문에 경쟁사와 헤드헌터로부터 주목받는 인재가 된다. 이직할 때마다 연봉의 최소 1.5배 정도의 인상을 보장받는다. 프로덕트 매니저로 성공하면 향후 지사장의 자리까지 노려볼 수도 있다. 외국계 지사장의 경우 연봉이 통상 3억원 이상이기 때문에 우리가 일반적으로 생각하는 연봉의 범주를 뛰어넘는다. 외국계 업체는 이런 인재에 항상 목말라 있다. 당신이 그 주인공이 되지 말라는 법이 없다.

성공하는 제품은 성공하는 프로덕트 매니저를 만든다. 프로덕트 매니저의 퍼스널 브랜드는 시장에서 성공하는 제품과 함께한다. 하지만 그 전에 더 중요하게 생각해야 할 것은 제품의 성공 이전에 고객의 성공, 즉 고객의 가치 창조를 위한 제품을 만들어야 한다는 점이다. 고객의 가치 창조를 위한 제품이 성공할 때 프로덕트 매니저로서의 브랜드 가치도 동시에 올라갈 것이다.

1.4 직급에 관계없이 본인의 능력껏 일할 수 있다

프로덕트 매니저는 회사에서 상당히 중요한 인력이라고 언급했다. 그래서 대부분 프로덕트 매니저는 과장급 이상의 직원만이 할 수 있다고 오해한다. 하지만 프로덕트 매니저를 반드시 과장급 이상의 직원만 할 수 있다고 정해 놓은 규칙은 없다. 물론 많은 프로덕트 매니저가 과장급 이상인 것만은 사실이다. 왜냐하면 프로덕트 관리를 하면서 발생하는 수많은 일에 대처하거나 각 부서별로 발생하는 다양한 일을 처리하려면 어느 정도 경험이 많고 직급이 있는 편이 일하기에 수월하기 때문이다. 하지만 반드시 그렇지만은 않다.

필자는 대리 1년차부터 프로덕트 매니저 역할을 수행했다. 정확히 말하자면 부 프로덕트 매니저로 시작했다고 보는 것이 맞다. 내 사수였던 차장님께서 프로덕트 매니저 역할을 수행하고 필자는 보조 프로덕트 매니저 역할을 수행했다.

하지만 일하는 것은 프로덕트 매니저가 하는 역할과 크게 다르지 않았고 어떤 부분에 있어서는 주 프로덕트 매니저 역할을 하는 경우도 많았다.

회사 내부 활동으로서는 제품을 홍보하는 역할 및 일본 본사와의 커뮤니케이션을 주로 담당했다. 마케팅을 도와서 제품의 홍보 자료인 브로셔도 제작했다. 또한 잡지 및 신문에 제품을 소개하기 위해 저널 형태의 기사도 작성했다. 제품의 출시 시기와 제품의 향후 로드맵에 대한 부분도 본사와 정기적으로 체크하여 계획을 수립해야 했다. 산업재인 B2B 제품의 경우 기술적인 부분이 중요하기 때문에 밤늦게까지 매뉴얼을 보면서 제품에 대한 기술을 습득해야 했다. 모르는 것이 있으면 직접 일본 본사와 일본어로 커뮤니케이션하는 일이 다반사였다. 때문에 일본어 회화 공부는 항상 손에서 놓지 않았다. 직접적인 커뮤니케이션 능력이 필요했기 때문에 페이퍼 실력이 아닌 실전으로 회화를 익히게 되었고 이는 비즈니스 수행에 있어서 큰 역할을 했다.

대외 활동으로는 제품을 고객에게 소개하고 컨설팅하는 역할을 수행했다.

제품의 공식 프리젠터로서 필자가 담당하는 제품을 고객에게 소개했다. 그 당시 국내에는 생소한 개념의 제품이었다. 고객에게 새로운 개념의 제품을 설명하고 트렌드를 전파한다는 것에 상당한 자부심이 있었다. 제품 프리젠테이션을 하면서 고객에게 쓴 소리를 듣는 경우도 많았다. 국내 유명한 전시회 및 세미나 참가를 통해 우리의 제품을 대외에 알리는 역할을 했다. 다른 유명 외국계 벤더들과 어깨를 나란히 하며 세미나 및 컨퍼런스에 참가할 때면 나도 모르게 어깨가 으쓱해지곤 했다.

이런 모든 일들이 누군가의 지시를 받지 않고 스스로 해야 하는 경우가 많았다. 물론 부 프로덕트 매니저로서 메인 프로덕트 매니저의 지시를 받는 일도 많았으나 스스로 자율적으로 해야 했다.

이렇듯 프로덕트 매니저는 반드시 직급에 따라서 좌지우지되는 것은 아니다. 본인의 현재 상황 및 역할에 따라 얼마든지 많은 일을 할 수 있다. 단지 조심해야 할 것은 아직 부 프로덕트 매니저는 회사 내에서 나설 수 있는 일이 한정되어 있는 경우가 있다. 이것은 본인의 의지와는 관계없이 할 수 있는 일이 제한적인 경우가 있기 때문이다. 이럴 때는 사수인 주 프로덕트 매니저와 함께하면 된다. 본인의 능력만 된다면, 그리고 주 프로덕트 매니저가 호의적이라면 얼마든지 본인이 가지고 있는 능력을 발휘해 보기 바란다. 주 프로덕트 매니저로 나서는 것이 빠르면 빠를수록 많은 일을 경험할 수 있다.

1.5 산업군에 관계없이 일할 수 있다

브랜드는 하나의 제품이라는 형태에 대한 유무형의 모든 것을 의미한다. 어떤 물건을 떠올렸을 때 "마음속에 떠오르는 것"을 브랜드라고 표현하기도 한다. 브랜드는 제품, 서비스, 상징, 기호와 같은 다양한 것들이 모여서 이루어진다고 보면 된다. 이러한 브랜드를 관리하는 브랜드 매니저는 우리가 일상적으로 접하는 옷이나 비누, 식품, 화장품 등의 소비재 기업에서 많이 언급되는 직군이다. 우리가 여기서 다루는 프로덕트 매니저는 약간 기술적인 측면이 더 포함되어 있다. 일반 소비재 보다는 전문화된 산업재 제품에 많이 관계되어 있다. 자동차, 제약, 엔터테인먼트, 게임, IT 등과 같은 분야가 프로덕트 매니저가 활동하는 분야이다. 하지만 꼭 이렇게 경계를 나눌 필요는 없다고 본다.

미국 로스앤젤레스 프로덕트 매니저 협회가 조사한 바에 따르면 다음과 같이 프로덕트 매니저의 분포가 산업재 분야뿐만 아니라 소비재 분야에까지 광범위하게 분포되어 있음을 알 수 있다.

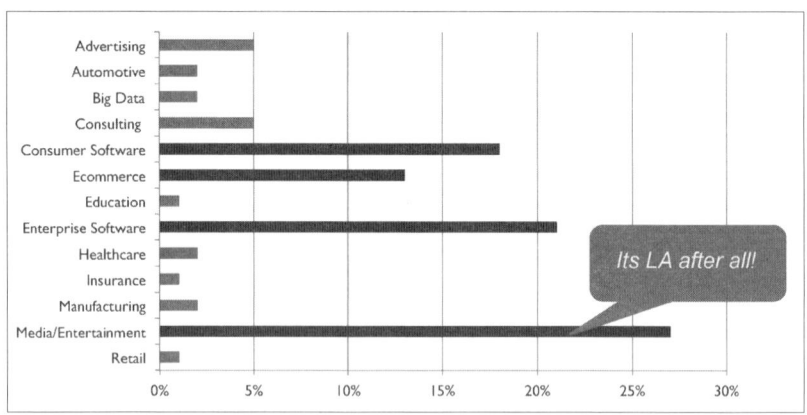

출처: 2014 Product Manager Survey, The Los Angeles Product Management Association

로스앤젤레스에서 프로덕트 매니저가 가장 많이 종사하는 분야는 미디어 및 엔터테인먼트 분야이다. 거의 30%에 육박할 정도로 프로덕트 매니저가 많이 종사하는 분야이다. 필자도 IT 분야에서만 프로덕트 매니저를 담당했지만 미디어 분야쪽에서 종사하는 사람이 더 많다는 것은 이번 조사 결과를 보고서야 알았다. 약간 의외의 결과였다. 이것은 아마도 지역적인 특징이 반영된 결과가 아닐까 생각한다. 기술적인 부분에서는 소프트웨어 개발 분야에 프로덕트 매니저가 많이 편중되어 있다. 프로덕트 매니저 분야가 실리콘 밸리에서 유래했으므로 소프트웨어 분야나 개발 분야가 많은 것이 사실이다. 또한 향후 더욱 각광받을 분야인 헬스케어 분야는 프로덕트 매니저들이 많이 필요한 영역이다. 기존의 제약, 광고, 컨설팅, 제조 등 대부분의 분야에서 프로덕트 매니저가 골고루 활동하고 있는 것을 확인할 수 있다.

이처럼 프로덕트 매니저는 기술에만 오리엔티드된 것이 아닌 전 산업군에 골고루 필요한 직군이다. 최근 우리나라의 추세가 이공대 선호 현상으로 너무 많이 바뀌고 있다. 물론 프로덕트 매니저가 이공대를 졸업한 사람들에게 약간 유리한 것은 사실이다. 하지만 그 부분에 너무 예민한 나머지 프로덕트 매니저라는 직군 자체를 기술적인 부분으로만 몰아갈 필요도 없다. 프로덕트 매니저는 어느 한 곳에 매몰된 인재가 아니라 인문학과 기술력이 융합된 인재가 되어야 한다. 어느 하나에 치우치지 말고 본인의 가치를 넓힐 수 있게 부단히 노력하라. 고정된 틀에 얽매이지 않는 프로덕트 매니저가 많이 배출되기를 간절히 빈다.

1.6 스타트업 시대, 모든 경험이 자신의 것이 된다

스타트업이 화두다. 청년들도 희망 퇴직에 내몰린다. 힘한 세상에 자신만의 무기가 되는 것은 무엇인가? 직업에서도 다양한 경험을 해 볼 수 있는 직업이 유리하다.

프로덕트 매니저는 이러한 다양한 일을 한꺼번에 경험해 볼 수 있다. 미니 CEO로서의 역할을 하기 때문에 미래에 스스로 독립할 수 있는 토양 및 역량을 만들어 준다.

요즘은 전문가를 원하는 시대를 지나 융합형 인재를 원하는 시대로 변했다. 변화하는 시대에 맞춰가려면 하나만 잘하는 것으로는 이제 부족할 수 있다.

그렇다면 프로덕트 매니저가 되면 어떤 경험이 내 것이 되는 걸까?

첫 번째로, 신제품 기획자로서의 경험을 할 수 있다. 신제품 기획자는 사업 및 시장의 상황과 고객의 니즈를 파악하여 새로운 제품을 개발하거나 생산, 출시를 담당한다. 프로덕트 매니저의 주된 임무가 바로 신제품 기획 및 제품 관리자로서의 역할 수행이다.

두 번째로, 전략 마케터로서의 경험을 할 수 있다. 마케터는 신제품 기획자의 역할도 수행하지만 그 외 대외 홍보, 판촉, 프로모션 기획 등 고객에게 제품을 각인시키는 역할을 수행한다. 프로덕트 매니저는 전략적 마케팅에 관련된 모든 활동을 경험할 수 있다.

세 번째로, 대내외 공인 프리젠터로서의 경험을 할 수 있다. 대외 세미나 및 컨퍼런스 등에 참여하여 회사의 대표로서 제품을 소개해야 한다. 고객이 요청하는 경우 고객을 방문하여 제품에 대한 소개를 진행한다. 특히 프로덕트 매니저는 제품의 차별화된 컨셉이 고객에게 임팩트있게 전달될 수 있도록 항상 고민해야 한다.

네 번째로, 사내 소통 커뮤니케이터로서의 경험을 할 수 있다. 회사는 대부분 사업부 중심의 부서로 되어 있다. 사업부 체제 하에서는 각 부서의 이익을 위해 각자의 영역만을 보는 좁은 시야의 오류를 범할 수 있다. 하지만 프로덕트 매니저는 제품의 성공을 위해 모든 부서가 협력할 수 있도록 다리 역할을 하는 중요한 사명을 띠고 있다. 제품을 성공시키기 위해 프로덕트 매니저는 현명한 커뮤니케이션을 통해 각 부서의 협조를 얻어낼 수 있어야 한다.

이런 다양한 역할을 프로덕트 매니저는 수행해야 한다. 멀티플레이어로서 1인 4역을 동시에 수행해야 하는 것이다. 혹자는 하나의 일도 제대로 하기 힘든데 4가지 역할을 어떻게 동시에 하느냐라고 반문하는 사람도 있을 것 같다. 물론 4가지 역할을 동시에 수행하기 때문에 쉬운 일이 아니다. 하지만 프로덕트 매니저만이 할 수 있다. 프로덕트 매니저이니까 가능한 것이다. 이렇게 하기 위해서는 적재적소에 본인의 일을 배치하고 일을 효율적으로 수행하는 방법을 터득해야 한다.

프로덕트 매니저는 융합형 인재라고 서두에서 말한바 있다. 이제 하나만 잘해서 살아남는 시대가 지났다. 하나만 잘해도 잘 먹고 잘 살던 시대는 이제 과거로 묻어야 한다. 개인의 경험이 융합되어 새로운 가치를 창조해 내는 인재를 시대가 원하고 있다. 프로덕트 매니저는 바로 그러한 인재이다. 시장을 분석하고 고객의 니즈를 파악하고 거기에 맞는 제품을 개발하며 이를 홍보하고 시장에서 제품을 히트시키는 것. 바로 프로덕트 매니저만이 할 수 있는 일이다. 기획자가 이런 일을 모두 할 수 있을까? 영업이? 마케터가? 엔지니어가? 아니다. 프로덕트 매니저가 잘할 수 있는 일이다. 1인 4역 멀티플레이어 프로덕트 매니저를 통해 융합형 인재가 되어라. 시장과 고객이 원하는 인재로 거듭날 것이다.

2장 프로덕트 매니저에 대한 흔한 오해들

2.1 프로덕트 매니저는 마케터다?

2.2 프로덕트 매니저는 프로젝트 매니저다?

2.3 프로덕트 매니저는 제품 기획만 잘하면 된다던데?

2.4 프로덕트 매니저는 직급이 높은 사람만 한다고?

2.5 프로덕트 매니저는 자기 제품만 잘하면 된다고?

2.6 B2B 시장에서는 프로덕트 매니저가 필요 없다고?

2.1 프로덕트 매니저는 마케터다?

"마케팅은 너무 중요해서 마케터에게만 맡길 수 없다." HP의 공동 CEO였던 데이비드 패커드가 했던 유명한 말이다. 특히 B2B 프로덕트 매니저에게는 이 말이 아주 중요하다.

여기서 마케팅의 정의에 대해 간단히 요약해보자. 마케팅을 한마디로 요약하기는 힘들지만 미국마케팅학회의 1948년의 정의에 따르면 "마케팅은 생산자로부터 소비자 또는 사용자에게로 제품 및 서비스가 흐르도록 관리하는 제반 기업 활동의 수행이다"라고 되어 있다.

2000년에 들어와서 "마케팅은 조직과 이해관계자들에게 이익이 되도록 고객 가치를 창출하고 의사소통을 전달하며, 고객 관계를 관리하는 조직 기능이자 프로세스의 집합이다"라고 정의하기도 했다. 한국마케팅학회에서는 "마케팅은 조직이나 개인이 자신의 목적을 달성시키는 교환을 창출하고 유지할 수 있도록 시장을 정의하고 관리하는 과정이다"라고 정의했다.

이렇게 마케팅이란 용어는 시대와 지역에 따라 그 의미를 달리하고 있으나 제품을 고객에게 가장 잘 전달하기 위해 거치는 방법 및 과정이라는 점에서는 본질적으로 비슷한 것 같다.

이런 정의에서 보면 마케터는 '만들어진 제품을 고객에게 가장 잘 인식시킬 수 있는 방안을 책임지는 사람'이다. 하지만 프로덕트 매니저는 '고객이 원하는 어떤 제품을 만들어내는 사람'에 더 가깝다고 볼 수 있겠다. 이를 통해 만들어진 제품을 마케터와 협력하여 고객의 니즈에 맞는 제품을 제공할 수 있도록 하는 것이 프로덕트 매니저의 역할이라고 할 것이다.

마케터가 고객에게 제품을 잘 알리는 사람이라면 프로덕트 매니저는 제품의 생성부터 소멸까지, 전 과정에 있어 모든 부분을 책임지는 역할을 한다고 하면 이해하기가 더 빠를 것이다. 아마도 이 말에 동의하지 않는 사람들도 있겠다. 상품 기획을 마케터가 하는 경우도 빈번하기 때문이다. 하지만 상품 기획은 엄연히 기획 단계에서 이루어지므로 이 또한 별도의 직군으로 구분되어 있다. 오해의 소지가 있을 수도 있지만 프로세스가 좀 더 분업화된 기업이라면 마케터가 상품 기획까지 하지 않는 경우도 많다. 우리 회사의 경우 상품 기획은 프로덕트 매니저가 전담하고 있다. 아마 제조 기업이나 B2C 기업의 경우 마케터가 상품 기획까지 겸하고 있는 경우도 있으므로 이 부분은 기업에 따라 다를 수도 있겠다.

프로덕트 마케팅 매니저가 되어라

일반적으로 IT 기업에서는 프로덕트 매니저가 마케팅 일까지 모두 수행하는 경우가 그다지 많지 않다. 하지만 필자가 생각하기에는 프로덕트 매니저야 말로 마케팅에 능해야 한다. 대부분의 프로덕트 매니저는 이 부분이 상당히 약하다.

내 제품에 대해 기술적으로 가장 많이 알고 있으면서 고객이 필요한 기능을 잘 제안할 수 있는 것은 프로덕트 매니저이기 때문에 프로덕트 매니저는 마케팅에 가까이 다가가야 한다. 이를 위해 프로덕트 매니저는 마케팅 소양을 가져야 하며 제품에 대한 마케팅 전략을 수립하고 마케팅 팀과 협업할 수 있도록 항상 마케팅에 관심을 가져야 한다.

특히 B2B 기업의 프로덕트 매니저는 마케팅 관련 지식을 습득할 기회가 별로 없기 때문에 마케팅 관련 부분을 마케팅 팀에만 의존하려고 하지 말고 제품에 대한 마케팅 전략을 별도로 수립하여 마케팅 팀과 항상 의논하기 바란다.

(소규모 기업에서는 마케터와 프로덕트 매니저를 겸임하는 경우가 많기 때문에 특히 이러한 부분이 어렵다는 이야기를 많이 듣는다.)

마케팅 팀도 기술에 관련된 부분은 잘 알고 있지 못하기 때문에 프로덕트 매니저로부터 아이디어를 제공받기를 무척이나 기다리고 있는지도 모른다. 따라서 프로덕트 매니저는 항상 마케터와 좋은 관계를 유지하면서 제품의 기능적인 부분이 마케팅에 접목될 수 있도록 관심을 가지는 것이 좋다.

프로덕트 매니저의 마케팅 능력 향상을 위해 다음과 같은 부분을 준비하라.

1. 제품 기획력 향상
2. 시장 분석 능력 향상
3. 마케팅 능력 향상을 위한 세미나 참석
4. 가능한 많은 마케팅 전략 자료 수집
5. 논리적 사고 향상을 위한 로직 Tree 연습

시중에 가면 넘쳐나는 책들이 위와 같은 책들이다. 하지만 이론만 적혀 있는 책들보다는 가능한 실제 적용할 수 있는 템플릿이 충실한 책을 고르기 바란다. 또한 실제 논리적 사고를 키워줄 수 있는 로직 트리 및 여러 전략 템플릿만을 모아둔 책들도 있고 그러한 책들을 꾸준히 보고 연습하면 좋을 것이다. 제일 좋은 것은 주변 지인들로부터 좋은 자료를 많이 입수하는 것이다. 모방을 통해 나만의 새로운 전략을 수립할 수 있기 때문에 여러 루트를 통해 좋은 자료를 많이 수집하기 바란다.

2.2 프로덕트 매니저는 프로젝트 매니저다?

서점에 가보면 프로덕트 매니저 혹은 제품 매니저에 대한 책은 상당히 드물다. 거의 없다고 해도 과언이 아니며 몇 권 없는 책 또한 해외 번역서가 대부분이다. 국내 환경에 맞춰 출간된 책은 없으며 있다 해도 번역 내용이 일반인이 가볍게 읽어 내기에는 어려운 부분이 많다.

반면에 프로젝트매니저에 대한 책은 시중에 많이 나와 있다. 프로덕트 매니저보다는 프로젝트 매니저가 국내에 많이 필요한 것도 사실이다. 국내 IT가 대부분 시스템을 개발하는 SI(System Integration) 위주로 발전해왔기 때문에 PM이라는 용어는 프로덕트 매니저보다는 프로젝트 매니저에 대한 용어로 많이 사용되고 있다. 프로젝트 매니저 자격증인 PMP는 IT 시장에서 이미 유명한 자격증이다.

그에 비하면 프로덕트 매니저는 잘 알려지지 않은 직군에 속한다. PM이라는 용어를 같이 사용하다 보니 독자들 대부분은 프로덕트 매니저와 프로젝트 매니저에 대해 혼동스러울 수도 있다. 도대체 프로덕트 매니저와 프로젝트 매니저 사이에는 어떤 차이점이 있는 것일까? 두 직군에 대해 살펴보자.

프로덕트 매니저

프로덕트 매니저에 대해서는 앞 장에서 살펴보았다. 한마디로 상품 및 제품에 대한 모든 부분을 책임지는 사람이다. 상품 기획부터 마케팅, 제품 출시, 제품 출시 이후의 서비스까지 책임지는 사람이다. 여러 개의 프로젝트를 동시에 운영하기도 한다.

프로젝트 매니저

프로젝트매니저는 하나의 프로젝트를 처음부터 끝까지 책임지는 사람이다. 그렇다면 프로젝트는 무엇인가? 통상적으로 인식되는 프로젝트의 정의에 대해 살펴보자.

네이버 백과사전에서는 다음과 같이 정의하고 있다.

> 프로젝트(영어: project)는 어떤 목표를 달성하기 위한 계획을 말한다. 또 그 계획을 실현하기 위한 일의 진행 과정까지를 포함하여 일컫는 경우도 있다.

위키백과에서는 다음과 같이 정의하고 있다.

> 프로젝트는 독특하고 잘 정의된 생성물 또는 결과를 만들어내기 위해 수행되는 일시적인 노력으로서, 시간, 예산, 수행 요구물(performance requirements)로 구체화된다.
> - "인도물(Deliverable)" 또는 "결과"에는 제품 또는 서비스가 포함되나, 이에 국한되지 않는다.
> - "일시적인"(temporary)은 어느 프로젝트든지 시작 날짜와 종료 날짜를 가

진다는 것을 의미한다. 즉, 일반적인 의미로서 짧은 기간을 의미하는 것
이 아니라, 노력의 지속 기간이 영구적(permanent)이지 않다는 뜻이다.
- 프로젝트란 분명한 목표를 달성하기 위하여 한정된 기간 동안 수행하는
활동을 말한다.

프로젝트 매니저는 단위 팀을 거느리며 전체 프로젝트 스케쥴에 따라 프로젝트 완료를 위해 정해진 역할을 수행한다. 자격증으로는 국제 자격증인 PMP(Project Management Professional)가 있다.

프로덕트와 프로젝트의 차이점은 위에 언급된 바와 같이 "기간이 정해진 단위 프로젝트에 집중"이라는 점에서 차이가 난다. 프로젝트는 어떤 형태든지 시작과 끝이 정해져 있으며 프로덕트는 제품을 영속시키기 위해 지속적으로 꾸준히 노력해야 한다는 것에 차이가 있다. 또한 프로젝트는 해야 할 일에 대한 명세가 사전에 정해져 있는 반면 프로덕트는 구체적인 개별 항목에 대한 부분보다는 제품에 대한 전체적인 구상이나 기획, 제품의 시장 접근 등과 같은, 보다 더 큰 범주에 치중한다는 것에 차이가 있다.

다음의 표에서 프로덕트 매니저와 프로젝트 매니저의 차이를 정리해 보았다.

구분	프로덕트 매니저	프로젝트 매니저
담당 업무	신제품 기획 제품 Life-Cycle Management 마케팅 전략 수립 브로슈어 및 기사 작성 Product Evangelist	범위 관리 일정 관리 품질 관리 원가 관리 형상 관리
직위	사원 ~ CEO	대부분 팀장급(차장 혹은 부장) (PMP 자격증 취득자)
범위	거의 모든 분야 (소비재, 제약, 제조, IT 등)	토목, 건축, IT 등

구분	프로덕트 매니저	프로젝트 매니저
자격증	특별히 정해진 것 없음	PMP(Project Management Professional)
차이점	제품 판매 전략 및 마케팅 전략 부분에 좀 더 집중	하나의 단위 프로젝트 자체에만 집중; 잠정적으로 끝나는 시기가 정해져 있음
기간	Long Term	Short Term

위의 표를 보면 본인이 프로젝트 매니저에 맞는지 프로덕트 매니저에 더 맞는지를 판단해 볼 수 있다. 주어진 정확한 목표와 일정 안에서 결과물을 만들어내는 데 뛰어난 역량을 발휘한다면 프로젝트 매니저가 적합할 것이다. 그렇지 않고 한 제품의 기획이나 판매 전략에 좀 더 역량을 발휘할 수 있다면 프로덕트 매니저가 적합할 것이다.

프로덕트 매니저에 본인이 가진 관심도가 높다면 축하한다! 이 책은 당신을 위해 프로덕트 매니저에 대한 방향성을 조금이나마 알려줄 것이다. 이 책에서 제시할 프로덕트 매니저가 지녀야 할 핵심 역량 요소를 오늘부터 당장 준비하라!

2.3 프로덕트 매니저는 제품 기획만 잘하면 된다던데?

프로덕트 매니저가 신제품 기획이나 제품화에 관련된 일을 주로 많이 하다 보니 제품 기획만 잘하면 된다고 생각하는 이들이 많다. 그러나 그것은 사실이 아니다.

물론 신제품 기획에 대한 일을 상당히 많이 하는 편이다. 제품에 대한 기획부터 추진 전략에 대한 부분을 이끌어 가는 사람이기 때문에 당연히 그러한 부분은 잘해야 한다. 제품의 컨셉이 훌륭해야 차별화된 제품 기획이 가능할 것이고 이렇게 하기 위해서는 평소에 아이디어 및 시장에 대해 깊은 고민을 많이 해야 하기 때문이다.

하지만 프로덕트 매니저는 제품의 기획부터 제품의 출시, 출시 이후의 관리 등 제품의 생애주기 전체를 관리하는 사람이다. 상품의 기획 부분이 중요한 것은 맞지만 그 이후의 진행에 대한 부분도 중요하다.

A라는 제품을 신규 출시한다고 생각해보자. 제품에 대한 기획은 상품 담당자가 하기도 하고 전략 기획에서 담당하기도 한다. 기획서가 완료되고 상부에 보고가

완료된 상태에서 상품 담당자 및 전략 기획 담당자는 그 이후 어떤 일을 하겠는가? 아마도 다시 다른 제품에 대한 기획에 착수할 것이다.

하지만 프로덕트 매니저는 조금 다르다. 본인이 기획한 제품에 대한 출시(런칭) 계획을 세워야 한다. 제품 출시를 위해 준비해야 하는 일에는 여러 가지가 있다. 제품이 노리는 시장에 대한 세일즈 가이드를 작성하여 영업 사원들에게 배포해야 하며 마케팅 팀과 협의하여 출시 전 마케팅 활동을 수행해야 한다. 브로셔 작성이라던지 혹은 홈페이지에 올릴 제품 소개 자료를 작성한다던지, 그 외에 고객 홍보를 위해 어떤 식의 활동을 할 것인지를 결정해야 한다. 최종 런칭 일자가 나오면 제품을 어떻게 유통시킬지에 대한 방안도 강구해야 한다. 이러한 일들을 세밀하게 챙겨나가야 한다. 이러한 부분을 누가 알아서 챙겨주지 않기 때문에 프로덕트 매니저가 스스로 챙겨야 한다. 또한 런칭 이후에는 영업사원들을 통해 고객의 반응을 살피며 반응이 신통치 않은 경우에는 새로운 전략을 짜고 방안을 제시해야 하는 것도 프로덕트 매니저가 해야 할 일이다.

이러한 일을 수행하기 위해서는 제품에 대한 투철한 책임감이 있어야 하며 제품 진행 과정에 대한 세부적인 스케줄 관리도 필수다.

비즈니스 능력이 있어야 한다

마케팅 관점의 프로덕트 매니저가 아닌 엔지니어링 차원에서의 프로덕트 매니저에 가까운 사람에게 가장 필요한 능력이 바로 비즈니스 능력이다. 비즈니스 능력이라고 하면 용어가 약간 애매모호하지만 필자는 이것을 커뮤니케이션 능력과 비슷하다고 생각한다. 비즈니스 능력은 커뮤니케이션을 좀 더 확대한 능력이다. 일반적인 커뮤니케이션 능력이라고 하면 그냥 사람과 사람 사이의 커뮤니케이션에 대한 효율적인 대화 능력을 일컫는 반면 비즈니스 능력이라고 하면 회사 대 회사간에 이루어지는 비즈니스 상황에 대해 어떻게 잘 커뮤니케이션할 것인가를 일컫는 말이 될 것 같다. 요는, 기업 환경에서 회사 대 회사로 만나는 경우에 여러 상황을 어떻게 잘 이끌어 나갈 것인지가 중요하다. 엔지니어 출신의 프로덕트 매니저들이 가장 힘들어하는 부분이 바로 이 부분이다.

일반적으로 프로덕트 매니저는 다른 회사와 협력해야 하는 경우가 아주 많은 직군이다. 제품의 협력 방안 및 유통 방안, 협력사를 통한 제품의 판매 방안 등을 혼자서 마련할 수 있는 사람은 아무도 없다. 이는 모두 회사 대 회사 간 대화로 이루어진다. 그러한 전략 및 방안을 만들기 위해 프로덕트 매니저는 먼저 협력할 회사를 발굴하여 시장을 만들어 나가야 한다. 이런 경우 프로덕트 매니저가 소극적이라면 혼자만의 아집에 빠져 회사 제품만으로 승부를 보려는 경향을 보인다. 하지만 이는 잘못된 생각이다. 제품이 아무리 독보적이고 좋더라도 혼자 힘만으로는 시장에서 판매될 수 없다. 많은 사람과 많은 협력사의 도움이 필요하며 이를 위해서는 프로덕트 매니저 본인이 먼저 다가가고 협력해야 한다. 체질적으로 엔지니어들은 말을 많이 하는 것을 싫어한다. 그래서 그런지 엔지니어 출신이 프로덕트 매니저가 되면 대외 협력을 위해 타사 담당자와 연락을 취한다던지 협력사를 찾아나선다던지 하는 비즈니스 기회 발굴에 대한 부분을 상당히 소홀하게 생각한다. "내 제품이 우수해서 내 제품만 잘 만들면 돼"라는 편협한 생각이 제품의 판매 기회를 상실시키는 경우가 생각보다 많다.

특히 프로덕트 매니저 일을 처음 시작하는 예비 프로덕트 매니저의 경우 협력하는 일에 트레이닝되어 있지 않다면 이러한 능력부터 길러야 한다. 프로덕트 매니저가 어떻게 하느냐에 따라서 다른 회사로부터 협력 제안을 거절 당할 수 있고 심할 경우 좋았던 관계가 엉망이 될 수도 있기 때문이다.

2.4 프로덕트 매니저는 직급이 높은 사람만 한다고?

프로덕트 매니저를 직급이 높은 사람만 한다는 오해는 버려야 한다.

필자는 회사에서 대리 초반 때부터 프로덕트 매니저를 수행했다. 비록 부 프로덕트 매니저로부터 출발했으나 전략 수립이나 제품의 방향에 대한 부분에 있어서는 누구보다도 적극적으로 의견을 제시했다.

시키는 대로 해서는 절대 성장할 수 없다. 이 제품이 내 제품이라는 열정이 없으면 관심을 가질 수도 없고 애정도 생기지 않는다. 필자는 "이것이 앞으로 나를 살릴 제품이다"라는 생각으로 제품에 임했다. 회사에서는 그 제품에 대한 부정적인 시각이 강해서 왜 그 제품을 해야 하는지에 대한 의견들도 많이 나왔다. 하지만 5년이라는 시간이 지나 어느 정도 대내외적으로 성과를 쌓았다. 레퍼런스도 1년에 1개 생기던 것이 1년에 5-10개씩 생겨나기 시작했다. 고작 3명에서 시작한 사업이 어느 정도 성과를 거두기 시작하자 회사에서의 관심도도 높아지고 나 자신에 대한 회사 내에서의 자존감도 높아졌다. 상사와 의견 충돌도 많이 일어나긴 하였으나 모든 것이 다 좋은 결과로 이어지기 위한 과정이었다고 생각한다. 때로는 팀장과도 의견 충돌이 생겨 싸워 보기도 해야 한다. 대부분의 프로덕트 매니저는 신규 제품을 만들어 낸다는 점에서 누군가를 따라가기만 하거나 누군가가 시키는 일만 하면 그 사람은 프로덕트 매니저를 하면 안되는 사람이다. 그런 사람은 빨리 다른 직군으로 옮겨가는 것이 좋을 것이다.

사원이라도 혹은 대리라도 프로덕트 매니저는 직군이 높은 사람을 설득할 수 있는 논리를 가져야 한다. 소위 이야기하는 "깡"을 가져야 한다. 높은 임원이나 사장님이 와서 이래라 저래라 하더라도 자신이 세운 전략이 올바르다고 생각한다면 올바른 말을 할 수 있어야 한다. 본인 제품은 본인이 제일 잘 아는 것이다. 사장님이나 상무님은 큰 결정을 내릴 수는 있어도 내 제품 및 시장에 대한 상세한 부분은 알 수 없다. 이것은 당연히 나만의 고유한 영역이고 침범당해서는 안되는 영역이다.

프로덕트 매니저는 이렇게 자기가 가지고 있는 제품에 대해 명확한 전략 방향을 가지고 있어야 하며 직급의 높고 낮음을 떠나 본인의 의사를 확실하게 관철할 수 있는 자세가 필요하다. 그렇다고 꽉 막힌 사람이 되라는 것은 아니다. 어디까지나 융통성 있는 자세를 가지되 이것이 맞다라는 신념이 있다면 직급과는 상관없이 과감해져야 한다는 것이다. 이것이 가능하려면 평소에 팀장이나 선배에게 신뢰감을 심어주고 일 처리를 똑 부러지게 해야 한다. 일도 잘 못하면서 자기 주장만 한다면 아무도 여러분을 지지해 주기 않기 때문이다. 평소에 본인의 능력을 많은 이에게 보여주고 인정받을 수 있도록 최선을 다해야 한다.

현재 부 프로덕트 매니저라면 다음과 같은 6가지 부분에 집중하라

1. 프로덕트 매니저와 일을 분담하라

쉽게 말해 프로덕트 매니저의 일을 뺏어오라는 것이다. 하기 싫은 일도 억지로 맡아서 해야 한다. 프로덕트 매니저 입장에서 반복하는 일상적인 업무가 부 프로덕트 매니저에게는 새로운 업무가 될 수 있다. 또한 중요한 일이 될 수도 있다. 그러한 일을 프로덕트 매니저로부터 받아서 처리하라. 본인의 업무 영역이 늘어나는 중요한 경험이 될 수도 있다.

2. 마케팅, 특히 디지털 마케팅에 대한 지식을 쌓아라

부 프로덕트 매니저가 하는 일 중에는 마케팅 지원에 대한 부분이 많다. 이러한 일을 그저 잡무라고 생각하지 말자. 브로셔 작성이나 기사 편집 등의 업무를 마케팅과 적극적으로 고민하고 좋은 아이디어는 마케팅 활동에 적극 반영하도록 하자. 디지털 마케팅 지식도 필수다. IT 분야에서 근무한다면 구글 애널리틱스와 같은 디지털 마케팅 툴 사용법도 적극적으로 습득하기를 권장한다. 모든 마케팅 지식은 프로덕트 매니저의 경쟁력을 쌓기 위한 핵심 역량이다.

3. 사내에서 작성하는 프로덕트 매니저의 기획서를 많이 수집하라. 나중에 본인만의 자산이 된다

지금이야 여러 가지 좋은 도구들, 특히 클라우드 형식의 도구들이 많아졌다. 하지만 이전에는 이러한 자료들을 보관할 수 있는 방법이 CD 백업 정도였다. 좋은 자료는 정리하여 별도 보관해야 한다. 특히 제품 기획 자료 및 전략 수립 자료는 반드시 핵심 자료로서 잘 보관하라. 프로덕트 매니저의 평생 자산이 된다. 필자도

부 프로덕트 매니저 시절에 자료 보관이 서툴러서 지금 후회하고 있다. 이 책을 읽는 여러분은 이 점 잊지 말고 좋은 자료를 반드시 별도로 관리하는 습관을 길러라. 구글과 같은 클라우드 저장소를 활용해도 좋고 에버노트와 같은 기록 도구를 활용해도 좋다. 반드시, 반드시, 지금부터 자료를 정리해 놓아라.

4. 외국 담당자들과의 커뮤니케이션에 적극적으로 대응하라

외국어로 커뮤니케이션이 가능한 프로덕트 매니저는 회사 내에서 우수 인재로 관리된다. 외국계 기업이라고 하면 모두 외국어를 잘 할 것 같지만 그렇지 않은 경우도 많다. 프로덕트 매니저는 외국 벤더의 담당자들과 항상 이메일 및 전화로 커뮤니케이션해야 하는 경우가 빈번하다. 본인이 외국어를 못한다고 프로덕트 매니저에게만 의존하지 말고 적극적으로 벤더 담당자들과 연락을 주고 받아라. 전화 통화는 못할지언정 이메일로 해당 업무에 대한 내용 정도는 주고 받을 수 있어야 한다. 그렇지 않으면 내게 주어질 많은 기회를 놓치게 된다. 기본은 영어겠지만 그 나라의 언어로 이메일을 주고 받으면 담당자와의 친밀도가 높아지므로 해당 나라의 언어도 익혀두면 많은 도움이 될 것이다.

5. 지금 하는 일이 정확히 무엇을 위한 일인지 반드시 확인하라(나무를 보지 말고 숲을 보라)

후배들에게 가장 하고 싶은 말이 이것이다. 현재 본인이 하고 있는 일이 무엇을 위한 일이고 목적이 무엇인지에 대한 부분을 반드시 이해하고 일을 하라는 것이다. 무작정 팀장이 혹은 프로덕트 매니저가 시킨다고 해서 목적 없이 일하지 말라는 말이다. 이메일 하나를 보내더라도 어떠한 목적을 위한 것인지, 누구에게 보내야 하는 것인지, 어떤 사람들을 참조해야 하는지에 대한 깊은 고민을 한 다음에 메일을 송부해야 한다는 것이다. 생각없이 보내는 메일 하나가 나중에 돌이킬 수 없는 사태를 만드는 것을 많이 봐왔다. 별 것 아니라고 생각하지 말고 작은 일에도 목적 의식을 가지고 신중을 기해 처리하기 바란다.

6. 메모 및 기록한 내용을 한 권의 책으로 정리하라. 당신의 퍼스널 브랜딩을 위해 반드시 필요하다

성공으로 가는 지름길은 기록하는 것이다. 필자는 부 프로덕트 매니저로 있던 시절에 이 사실을 간과했다. 선배 매니저들이 기록 및 정리를 강조했던 것을 무심코 지나쳤다. 지금에서야 톡톡히 그 값을 치르고 있다. 여러분은 부디 나와 같은 전철을 밟지 말기 바란다. 순간의 깨달음 끝에 현재 필자는 생활이나 업무의 모든 부분을 기록하고 저장하고 관리하고 있다. 불과 1년 안에 생긴 변화이다. 기록, 저장, 관리의 3가지 프로세스는 당신의 지식을 데이터베이스화하는 중요한 작업이다.

당신의 지식은 황금알을 낳는 거위로 변화시켜줄 자산이다. 이 자산을 기반으로 지식을 정리하라. 정리한 지식을 책으로 만들어라. 책을 만든다는 것은 당신의 지식을 체계적으로 정리할 수 있는 기회가 된다. 또한 블로그나 SNS를 통해 정리된 지식을 공유하라. 그렇게 하면 어느 순간 전문가가 되어 있는 자신의 모습을 볼 수 있을 것이다. 남들과 차별화할 수 있는 지식이라면 금상첨화다. 퍼스널 브랜딩이라는 것은 별 게 아니다. 나를 그 분야의 온리원으로서 인식하면 그것이 바로 퍼스널 브랜딩이다. 퍼스널 브랜딩하는 데 책만큼 좋은 도구는 없다. 오늘부터 당장 당신의 지식을 정리하고 블로그에 올려라. 그리고 그것을 책으로 만드는 작업을 시작하라.

2.5 프로덕트 매니저는 자기 제품만 잘하면 된다고?

프로덕트 매니저가 빠지기 쉬운 또 하나의 실수가 내 제품만 잘하면 된다는 생각이다.

"내 제품만 잘하면 되지 왜 남의 제품까지 신경써야 하지?"라는 생각을 할 수도 있다. 하지만 이는 잘못된 생각이다. 요즘은 하나의 제품만 성공하는 시대가 아니다. 제품이 수시로 바뀌고 트렌드는 순식간에 지나갈 수 있다.

우리가 잘 알고 있는 핀란드의 노키아를 한번 살펴보자.

2000년대 초반 세계 휴대전화 시장 점유율 40%를 차지하며 한때 시장 1위였던 노키아. 2007년 이후 애플이 스마트폰인 아이폰을 출시한 이후로 모든 분들이 알고 계시듯이 노키아는 스마트폰 시대에 적응하지 못하고 종말을 맞았다. 2006년에 CEO에 취임한 칼라스부오가 비용 절감 위주의 CEO라서 미래에 대한 새로운 투자보다는 내부의 비용 절감에만 신경을 쏟았다고 한다.

알고 계시는가? 스마트폰을 최초로 만든 회사가 노키아라는 것을. 노키아는 1996년부터 스마트폰을 만들었다. 물론 제한적인 기능만 가진 모델이었기 때문에 세계 최초로 스마트폰을 만들긴 했으나 호응을 얻는 일에는 실패했다. 그 결과 애플과 삼성에 모든 것을 내어주고 말았다. 최초의 스마트폰까지 만들었던 노키아가 왜 몰락했을까? 스마트폰 시대에 자기만의 우물에 빠진 결과일 것이다. 내 제품이 최고이며 내 제품을 사주는 고객은 언제까지 그 자리에 있을 것이라는 자만심. 주위를 보지 않고 혼자만의 세계에 빠져 내 제품만 잘하면 된다는 그 자만심이야 말로 한순간에 거대한 기업인 노키아를 몰락시키고 마이크로소프트에 인수된 원인일 것이다. 만약 그들이 제품의 다양성을 어느 정도 인정하고 자체 운영체제 심비안이 아닌 구글의 안드로이드와 협력했으면 어땠을까? 하드웨어의 디자인과 기존 고객의 인지도는 충분했기 때문에 아마 독창적인 제품을 만들어낼 수도 있었을 것이다. 하지만 그들은 본인의 것만을 고집했고 결과는 현재 알고 있는 대로 몰락의 길을 걸었다.

반면 애플의 운영체제인 iOS는 폐쇄적이긴 했지만 대신 앱스토어를 통해 거대한 앱 시장을 만들었다. 이를 통해 폐쇄적인 제품이긴 하지만 다양한 앱을 통해 아이폰을 마치 새로운 제품을 사용하듯이 함으로써 고객을 만족시켰다. 또한 스마트폰 및 스마트패드라는 용어를 전세계에 히트시키면서 PC까지 위협하는 제품으로 탄생시켰다. 스마트폰은 폰의 고유한 기능 이외에 다양한 용도로 사용되었다. 이에 다른 산업까지 영향을 받아 많은 기업들이 사라지거나 합병되기도 했다. 이것만 보더라도 하나의 제품이 다른 산업에도 심대한 영향을 미친다는 사실을 알 수 있다.

전단지만 찍어내는 인쇄소가 있다고 해 보자. 요즘 젊은 사람들이 전단지를 보는가? 스마트폰에서 앱 하나만 실행시켜서 터치 몇 번으로 음식을 주문하는 시대가 되었다. 그러면 기존에 전단지 위주로 일하던 인쇄소는 어떻게 되겠는가? 물론 아직 나이드신 분들이나 스마트폰을 사용하지 않는 사람들은 그렇지 않겠으나 아시다시피 우리나라 국민의 대부분은 스마트폰을 가지고 있다. 이제 전단지 같은 종이에 의존하는 시대가 지나가고 있는 것이다.

이렇게 하나의 제품이나 하나의 서비스에만 의존하는 시대가 지나가고 있다. 제품도 바뀌고 서비스도 바뀐다. 하지만 중요한 것은 이제 하나의 제품, 하나의 서비스가 아니고 융합된 서비스가 아니면 고객이 몰리지 않는 시대가 되었다. 카페만 하더라도 도서관처럼 책을 대여해주는 곳도 있고, 빵집에서 빵만 팔다가 커피 및 팥빙수까지 파는 그러한 시대가 되었다. 이제는 누가 먼저 제품을 융합하고 다양한 가치를 부여해서 고객에게 제공하는 지가 중요한 시대가 되었기 때문에 프로덕트 매니저는 이러한 사실을 고려하여 항상 제품 간 융합을 고려해야 한다.

다양한 가치를 본인의 제품에 어떻게 접목할 수 있을지, 그 위에 어떤 가치를 더 얹어야 고객이 본인의 제품을 선택해 줄 것인지를 부단히 고민하라. 그리고 고민한 결과를 본인 제품과 결합하여 새롭게 상품화하라. 앞으로는 이러한 프로덕트 매니저만이 살아남는 시대가 될 것이다. 이것은 비단 B2C뿐만 아니라 B2B의 경우에도 마찬가지이므로 평소에 본인의 제품과 융합할 수 있는 것이 무엇인지 끊임없이 고민해야 한다.

프로덕트 매니저의 제품 융합 능력 향상을 위해 다음과 같은 부분을 고민하라.

1. 본인 제품이 가지는 아이덴티티는 무엇인가?
2. 본인 제품이 적용되지 않았던 새로운 시장이 있는가?
3. 내 제품이 결합하여 새로운 제품이 될 수 있는 소재로 무엇이 있을까?
4. 결합한 제품이 새로운 시장을 열 수 있는 시장 경쟁력을 갖추고 있는가? (제품 경쟁력이 없는 2개의 제품을 모아본들 새로운 시장을 개척할 수는 없다.)
5. 내 제품과 결합하면 좋을 것 같은 솔루션을 항상 찾아라. (아이디어 발견 시 항상 메모하고 기록해 두어라.)

2.6 B2B 시장에서는 프로덕트 매니저가 필요 없다고?

B2B 프로덕트 매니저는 마케팅과 영업을 이어주는 다리다

전통적으로 흔히 산업재라고 부르는 B2B는 영업 위주의 판매 형태가 대부분이었다. 따라서 프로덕트 매니저의 필요성이 사실상 그리 크지 않았다. 하지만 요즘같이 급변하는 시대에 영업만으로는 해당 트렌드를 따라 잡을 수 없다. 또한 개별 영업이 해당 제품에 대한 기술 지식이나 제품에 대한 오너쉽을 가지는 것이 불가능하다.

마케터도 마찬가지다. 대부분의 B2B 산업에서 마케터들의 역할은 중요하다. 하지만 마케터는 제품이 가지는 핵심 기술에 대해 잘 모르는 경우가 많다. 마케터가 제품을 이해하기 위해 제품의 기술 매뉴얼을 보고 있을 수는 없다. 이런 부분은 기술을 잘 알고 있는 엔지니어들의 몫이지 마케터들의 핵심 업무가 아니다. 기술 엔지니어는 어떨까? 기술 엔지니어는 기업 고객이 구매한 제품의 설치 및 유지보수를 담당한다. 기술 엔지니어는 영업에 대한 부분이나 마케팅에 대한 부분은 그

다지 신경쓰지 않는다. 기술적인 부분에만 집중하려는 경향이 있다.

그렇다면 제품에 대한 기술도 알아야 하고 제품을 홍보하기 위해 마케팅적인 부분도 고민해야 하고 영업과 함께 시장에서 제품을 어떻게 판매할 것인지를 고민하는 역할은 누가 하는가? 바로 이러한 부분을 프로덕트 매니저가 담당하는 것이다.

그래서 프로덕트 매니저는 영업과 마케터와 기술 엔지니어의 접점에서 일하는 사람이다. 이렇게 구분된 영역을 이어주는 다리와 같은 역할을 한다.

물론 여력이 없는 중소기업 같은 곳에서는 프로덕트 매니저의 역할을 영업에 맡기기도 하고 마케팅 인원에게 맡기기도 한다. 하지만 이럴 경우 심각한 불균형이 일어난다. 영업과 마케팅은 제품에 대한 기술을 모르는 경우가 많기 때문에 제품을 파악하기 위해 본인이 정작 해야 하는 일은 하지 못하는 경우가 많다. 영업은 제품을 판매하는 데 집중하고 마케팅은 제품 홍보에 집중해야 하는데 정작 제품에 대한 매뉴얼을 분석해야 하고 제품 관리를 위한 불필요한 업무를 해야 한다. 이렇게 전문성이 결여된 일을 맡기게 되면 영업도 안되고 마케팅도 안되는 이중고를 겪게 되는 것이다.

"약은 약사에게"라는 광고가 있지 않은가? "영업은 영업에게, 홍보는 마케터에게, 제품은 프로덕트 매니저에게" 맡겨야 한다. 그래야 제대로 된 제품 판매의 톱니바퀴가 돌아간다. 비용 좀 더 아껴보겠다고 프로덕트 관리를 영업이나 마케팅에게 맡기는 CEO가 있다면 지금부터라도 부디 생각을 달리 해 보기를 부탁드린다.

마케팅도 테크니컬 마케팅으로 변하고 있다

B2B 분야의 프로덕트 매니저는 철저히 기술이 우선이다. 이러한 면에서는 B2C의 마케터와 대비하여 이공계 출신들이 유리한 것은 사실이다. 본인의 전공을 통해 산업대 대한 이해와 전문 지식으로 무장한다면 프로덕트 매니저로의 진입에 크게 어려움을 겪지 않을 것이다. 요즘은 인문학 열풍도 불고 있다. 인문계 출신의 학생들도 B2B 산업에서 충분한 역할을 수행할 수 있다. 사회 심리나 철학을 배운 인문계 출신들의 경우 최근 유행하는 빅데이터나 IoT 분야에서도 필요한 존재로 대두되고 있다. 빅데이터 분야에서 많이 언급되는 빅데이터 사이언티스트라는 직업은 인문학을 전공한 인재들에게 상당히 유리하게 작용하고 있다. 요는 하나만 생각하지 말고 자신의 가능성을 여러 곳으로 열어두는 것이 중요하다.

이전에는 경영학이면 회사를 차리고 철학과를 나오면 철학관(?)을 열어야 한다는 우스개 소리가 있었지만 이제는 융합 시대다. 이공대를 나온 학생들이 취업이 잘 되기는 하지만 인문학을 전공했다고 해서 낙심할 필요도 없다. 인문학도 기술이다. 철학도 기술로 바꿀 수 있는 것이 요즘이다. 학생들은 아직 그 방법을 모를 뿐이다. 산업을 이해하고 본인이 가진 인문학적인 전문성을 살릴 수 있다면 이 또한 기술이다.

최근 뜨고 있는 테크놀러지 마케팅은 이러한 인문학적 소양을 가진 기술자들을 일컫는 말이다. 기술만 가지고 있던 사람이 인문학적 소양을 갑자기 가지기가 쉽지 않다. 인문학적 소양을 가지고 있던 사람이 기술을 익히면 급격히 성장할 수 있기 때문에 오히려 최근 서양에서는 인문학 지식을 가지고 있는 기술자들을 더 선호한다.

앞으로는 이러한 현상이 더 가속화될 전망이다. 이렇게 인문학 지식을 갖춘 인재들이 바로 마케팅 테크놀로지스트이다. 마케팅 테크놀러지스트로서의 자질은 향후 프로덕트 매니저의 필수 요건이 될 것이다. 프로덕트 매니저는 인문학적 소양과 기술의 융합을 통해 미래형 인재로 자리잡을 준비를 철저히 해야 한다.

3장 저도 외국계 IT 프로덕트 매니저 해 보고 싶은데요

3.1 사회 초년생, 외국계 프로덕트 매니저에 도전해봐

3.2 프로덕트 매니지먼트 히스토리

3.3 우리가 알고 있는 유명한 CEO는 모두 프로덕트 매니저다

3.4 프로덕트 매니저의 일상

3.5 천기누설, 프로덕트 매니저의 연봉이 궁금해

3.6 제가 한번 프로덕트 매니저 해보겠습니다

   (프로덕트 매니저가 되는 방법들)

3.1 사회 초년생, 외국계 프로덕트 매니저에 도전해봐

요즘처럼 청년들이 취업이 잘 안되는 시기가 없는 듯하다. 그야말로 청년 고용 절벽 시대이다. 신문지상에서는 미취업자 수가 몇 명인지 실업자 수가 몇 명이나 되는지 통계를 연일 내 놓는다.

더구나 중장년층 및 실버 계층까지 제2의 직업을 찾아 다시 취업 시장에 나오고 있다. 이제부터 취업을 해서 사회에서 건강하게 활동해야 할 창창한 젊은이들이 직업도 없이 퇴직한 실버 계층과 또다시 경쟁해야 한다는 현실이 우리를 가슴 아프게 한다.

이 글을 읽는 사람 중에는 취업을 준비하는 사회 초년생이나 다행히 취업을 하여 회사를 다니고 있지만 현재 하는 일이나 연봉 수준이 마음에 들지 않아서 이직을 준비하고 있는 사람들도 있을 것이다. 그렇다면 지금부터 이야기할 프로덕트 매니저라는 직업에 관심을 가져볼 필요가 있다.

먼저 프로덕트 매니저가 어떤 직업인지를 살펴보자. 네이버 백과사전에는 다음과 같이 정의되어 있다.

> 프로덕트 매니저(Product Manager)는 시장 조사부터 구상, 기획, 출시, 생산, 마케팅 등 한 제품의 라이프사이클에 걸쳐 전략을 짜고 이를 수행 관리하는 사람들을 일컫는다. 프로덕트 매니저는 사업 전략을 구체화여 지시하고, 제품/서비스를 사용하는 사용자들의 만족을 이끌어 내는 역할을 수행한다.

브랜드 매니저, 브랜드 마케팅 매니저, 프로덕트 마케팅 매니저, 상품 매니저, 머천다이저(MD)와 같은 직군들이 프로덕트 매니저와 비슷한 일을 한다고 보면 된다. 물론 하는 일은 업종에 따라 직급에 따라 차이가 있으나 대체적으로 시장에서 이러한 직업으로 분류되어 있다.

기업의 형태로 보자면 국내 기업의 프로덕트 매니저와 외국계 기업의 프로덕트 매니저로 나뉠 수 있다. 국내 기업의 프로덕트 매니저는 생산한 제품을 국내 혹은 해외에 판매하기 위해 필요하다. 반면 외국계 기업의 프로덕트 매니저는 해외 기업의 제품을 국내 기업에 판매하기 위해 필요한 사람이다. 차이점은 국내에서 근무하는 외국계 기업의 프로덕트 매니저는 이미 해외에서 생산된 완제품을 국내에 판매하는 부분을 담당하기 때문에 공장 생산에 관련된 일은 그다지 하지 않는다. 이에 반해 국내 프로덕트 매니저는 생산에 대한 부분까지 직접 관여해야 한다는 것이 다른 점이다.

국내 기업의 프로덕트 매니저(특히 브랜드 매니저, 머천다이저)의 경우 제조 및 유통(화장품, 음료) 쪽이 많은 반면 외국계 프로덕트 매니저는 제약, 하드웨어 장비, 소프트웨어 분야가 많은 것이 특징이라고 할 수 있겠다. 특히 필자가 속해 있는 외국계 IT의 경우 주로 B2B를 대상으로 제품 판매 전략을 수립한다. 만약 사내에서 프로덕트 매니저로서 업무를 진행하게 된다면 거의 무한의 권한이 주어진다. 모든 제품의 생성부터 소멸까지의 모든 것이 내 손안에서 좌지우지된다. 프로덕트 매니저가 잘하고 못함으로 인해 그 제품이 계속 판매될 수도 있고 시장에서 사장될 수도 있다. 실적이 안 나오면 판매의 책임을 지고 퇴사를 해야 하는 불운을 맞을 수도 있다.

하지만 그 반대일 경우의 이득은 엄청나다. 외국계 IT 프로덕트 매니저의 경우 우리가 생각하는 일반적인 연봉 수준을 훌쩍 뛰어 넘는다. 평균적으로 국내 대기업 연봉의 2-3배 이상을 받기 때문이다. 또한 외국계 기업은 보통 사무실에서 하루 종일 근무하지 않는다. 본인의 일과를 본인 스스로 컨트롤하기 때문에 사무실에 붙어 있는 경우도 거의 없고 일이 없으면 알아서 퇴근한다. 차도 눈 돌아가는 외제차를 몰고 다니고 연말에 마감이 끝나면 유럽 등지의 해외로 2주 이상씩 여행을 간다. 필자가 알던 지인도 일반 기업에 있을 때는 여행은 꿈도 못 꾸더니 외국계 기업으로 이직하고는 연말에 해외여행을 갔다 왔다는 걸 당연한 듯이 얘기해서 솔직히 부러웠다.

필자가 근무하는 강남에서 벤츠나 BMW는 평범한 차나 마찬가지다. 포르쉐, 람보르기니 같은 차도 간혹 보이는데 이런 차들이 외국계 프로덕트 매니저에게 꿈의 차는 아니다. 너무 멋진 부분만 이야기해서 허황된 것 같지만 그에 따른 스트레스나 리스크도 엄청나기 때문에 '얻는 것이 많으면 잃는 것도 많다'는 옛 이야기가 틀린 말은 아닌 것 같다.

이런 멋진 직업을 아직도 모르고 있던 당신! 도전해 보아라! 인생은 어차피 한번이다. 주위의 사람들과 똑같이 도서관에서 토익 점수 올린다고 인생이 바뀌진 않는다. 그 시간에 본인을 차별화할 콘텐츠를 찾고 자신에게 맞는 외국계 기업을 찾아 보아라.

시작이 반이다. 지금부터 당장 준비하라!

3.2 프로덕트 매니지먼트 히스토리

본격적으로 프로덕트 매니저에 대해 알아보기 전에 프로덕트를 관리하는 학문인 프로덕트 매니지먼트가 어떻게 생겨났는지를 알아보자. 프로덕트 매니지먼트가 어떻게 발생했는지 이해한다면 프로덕트 매니저라는 직업이 왜 생겨났는지 이해할 수 있다.

프로덕트 매니지먼트의 역사는 1930년대 P&G사로부터 시작되었다. P&G는 전세계적으로 유명한 소비재 외국 기업으로 비누, 세제, 가정용 용품을 만드는 기업이다.

1930년대에 P&G의 매니저였던 네일 맥엘로이는 Camay 비누를 담당하고 있었다. Camay 비누는 회사가 주력으로 하던 아이보리 비누 브랜드였다. 그 당시 Camay는 잘 팔리지 않았고 맥엘로이는 이 제품을 전문으로 담당할 "brand man"을 찾고 있었다. 그 당시에 맥엘로이가 찾고 있던 "brand man"의 기준은 다음의 7가지 업무를 잘하는 사람이었다.

1. 제품이 판매될 지역 및 구매되는 볼륨을 이해하고 있는 자
2. 지역 내에서 성장하고 있는 제품에 대한 이해 및 그러한 이해를 바탕으로 다른 지역에도 동일하게 적용이 가능한 자
3. 세일즈가 어느 부분이 약한지, 현황을 파악하고 내부 협력사들과 협력하여 계획을 세울 수 있는 자
4. 브랜드를 위한 모든 메시지 및 광고 카피를 맡을 수 있는 자
5. 브랜드를 위한 광고 및 마케팅 예산을 책정할 수 있는 자
6. 새로운 것에 대한 시도, 특히 브랜드에 대한 패키징 융합 능력이 뛰어난 자
7. 각 지역에서 무엇이 잘 팔리지 않는지 파악하고 그 지역 세일즈 매니저와 협력하여 일할 수 있는 자

맥엘로이는 위의 7가지를 "brand man"의 필수 자격이라고 생각했고 "brand man"은 브랜드 비즈니스를 성공적으로 이끌 수 있는 사람으로 생각했다.

P&G에서 시도한 이 "brand man"은 성공적이었으며 P&G가 담당하는 모든 제품군에 점차 확산되었다. 그리고 이후에 1980년대에는 마케팅 영역과 비즈니스 영역을 담당하는 Brand Management라는 영역으로 정착되었다.

그렇다면 구체적으로 프로덕트 매니지먼트 이론이 정립되기 시작한 것은 언제부터였을까? 이는 Intuit라는 회사의 사례에서 찾아볼 수 있다. Intuit는 현재 미국의 자산관리 소프트웨어 분야 최고의 핀테크 기업이다. 이 기업의 설립자 스캇 쿡은 앞에서 언급한 P&G의 실제 "brand man"이었다.

그는 Quicken이라는 Intuit 최초의 재무 관리 소프트웨어를 출시했는데 이것은 재무 전문가가 아니더라도 다룰 수 있도록 만든 재무 관리 소프트웨어였다. 그 당시 이미 시장에서는 몇 가지 재무 관리 소프트웨어가 출시된 상태였다. 기존 제품

들과의 차별화를 위해 쿡은 이 제품을 전문적으로 담당할 수 있는 사람을 원했다. 그 사람이 재무나 컴퓨터 분야 전문가일 필요는 없었다. 고객이 어떻게 그들의 소프트웨어를 실제로 이용하는 지에 대해 연구하는 사람들이 필요했다. 그들은 고객의 니즈에 집중하고 혁신을 이끌어낼 수 있는 사람들이었다.

또한 "Follow me home"이라는 프로그램을 만들어 Intuit의 고객들로부터 회사에 대한 만족도 평가 및 고객의 집에 방문하여 설치하는 서비스를 실시했다. 이러한 고객 기반의 프로그램을 통해 Intuit의 고객 충성도가 높았으며 이후에는 Microsoft도 이와 같은 형태의 서비스를 제공하게 되었다.

이후 1991년에는 기술 마케팅 그루인 레기스 맥키나가 "마케팅이 모든 것이다."라고 주장했다. 그는 이 당시에 이미 기술이 마케팅에 변화를 가져다 줄 것이라고 예측했다.

맥키나는 본인이 예측한 기술이 접목된 "new marketing"이 프로덕트 매니지먼트의 핵심 요소라고 언급했다. 맥키나는 명쾌하게 기술적인 요소가 마케팅에 녹아들 것이라고 예측했다. 그의 주장은 이미 현대에는 현실이 되어 있으며 최근에는 디지털 마케팅과 같은 마케팅의 형태로 나타나고 있다.

위와 같은 사례를 바탕으로 다양한 이론이 추가되어 발전한 것이 오늘날의 프로덕트 매니지먼트 이론이다. 앞에서 살펴본 세 사례들에서 프로덕트 매니지먼트를 다음과 같이 요약할 수 있다.

- 맥엘로이: 세일즈 및 마케팅 문제를 이해하고 그러한 부분을 실제 구현 가능한 사람
- 쿡: 고객의 니즈를 가장 잘 파악할 수 있는 사람

- 맥키나: 현재 시장에서 최신의 기술을 적용하여 고객의 신뢰성을 얻을 수 있는 사람

이상의 내용을 보면, '프로덕트 매니지먼트를 기반으로 위와 같은 역량을 보유하고 있는 사람', '위와 같은 역량을 잘 수행할 수 있는 사람'이 프로덕트 매니저다. 당신은 위에 나열된 역량 중에서 어떠한 역량을 보유하고 있는가?

3.3 우리가 알고 있는 유명한 CEO는 모두 프로덕트 매니저다

다음 인물들의 공통 분모는 무엇이라고 생각하는가?

- 애플 스티브 잡스
- 마이크로소프트 빌 게이츠
- 구글 래리 페이지
- 오라클 래리 앨리슨
- 아마존 제프 베조스
- 델 마이클 델
- HP 데이비드 패커드

이들의 공통 분모는 바로 프로덕트 매니저다. 대부분 알고 있는 바로는 이러한 인물들이 회사의 CEO라는 것이다. 하지만 곰곰이 생각해보자. 위의 사람들이 처음부터 CEO였는가? 그렇지는 않다. 위의 기업들은 IT에 속해 있고 스타트업 기업들이었다.

대부분의 창업자들은 자기 집의 허름한 창고에서 기술만 가지고 사업을 시작했다. 또한 이들의 특징은 대부분 대학 중퇴이거나 MBA와 같은 비즈니스 스쿨 출신은 없다는 것이다. 그들은 자신의 번뜩이는 영감과 제품에 모든 것을 걸었고 지금과 같은 자신들만의 거대한 왕국을 건설했다.

이들 중에서도 애플의 스티브 잡스는 타고난 프로덕트 매니저이다. 그가 탄생시킨 수많은 제품들. 애플 컴퓨터, 아이팟, 아이폰, 아이패드 등은 거의 대부분 잡스의 손을 직접 거쳐서 탄생한 제품들이다. 프로덕트 매니저로서 잡스는 제품의 하나부터 열까지 모두 관여하는 치밀함을 보였다. CEO로서가 아닌 제품을 담당하는 총 책임자로서의 역할을 수행한 것이다. 심지어 아이팟을 만들 당시 각 음반 회사들과의 협상 및 아이팟 제품 가격에 대한 부분도 본인이 직접 결정할 만큼 제품의 모든 것에 깊숙이 관여했다. 또한 제품 프리젠테이션에 대한 부분도 모든 것을 본인이 계획했다. 자료 작성이나 무대에서 발표할 때의 리액션 등을 치밀하게 계획하고 관객의 반응도 예측하여 제품 발표회를 진행했다. 이러한 부분들 모두가 프로덕트 매니저가 가져야 할 필수 핵심 역량이다.

스티브 잡스가 혁신적인 프로덕트 매니저였다면 마이크로소프트의 빌 게이츠는 소프트웨어 개발을 시작으로 한 프로덕트 매니저였다. 오늘날의 마이크로소프트는 프로덕트 매니저라는 용어를 사용하지 않고 프로그램 매니저라고 부른다. 운영체제인 윈도우를 만드는 회사답게 프로그램의 개념으로 프로덕트를 대하고 있는 것이다. 빌 게이츠가 마이크로소프트를 세울 때만 해도 운영체제의 해적판이 기승을 부리던 때였다. 저작권이라는 것이 존재하지 않았던 시기였다. 흔히 말하는 불법복제가 대세였던 시기였다. 빌 게이츠는 시장의 흐름이 자기 쪽으로 움직이도록 1975년에 〈컴퓨터 노츠〉 잡지에 소프트웨어 공유를 불법복제로 규정하는 공개 서한을 보내기에 이른다. 이는 많은 논란을 야기시켰고 불법복제 관행에 대한 반향을 일으켰다.

이를 통해 걸음마 수준에 있던 소프트웨어 산업의 기초를 닦는 데도 기여했다. 기존까지 없었던 새로운 시장의 개척을 위한 발판을 마련한 것이다. 이는 이 책에서 강조하는 프로덕트 매니저의 핵심 역량인 마켓 프론티어로서의 역량을 유감없이 보여주는 대목이라고 할 수 있겠다.

프로덕트 매니저로서의 스티브 잡스와 빌 게이츠는 기술을 통해 고난과 역경 속에서도 새로운 시장을 만들어내는 데 주저하지 않았다. 또한 동갑내기로서 동 시대의 라이벌 관계였다는 점도 매우 흥미롭다. 같으면서도 서로 다른 스타일로 소프트웨어 시대의 본격적인 막을 연 인물들이다.

이처럼 세상에 없던 제품과 시장을 만들어 내는 프로덕트 매니저야 말로 현재의 급변하는 시장에서 없어서는 안 될 인재다. 또한 우리의 삶을 혁명적으로 바꾸는 이러한 프로덕트 매니저가 많으면 많을수록 미래의 세상이 더 풍요롭게 바뀔 것이다. 당신은 어떤 프로덕트 매니저가 되고 싶은가? 위에 나열된 인물들과의 공통점이 있는가? 있다면 당신은 프로덕트 매니저가 될 자격이 충분히 있다.

3.4 프로덕트 매니저의 일상

외국계 IT 프로덕트 매니저가 실제 하는 일이 무엇인지 궁금한 독자가 많을 것이다.

필자가 일하는 기업은 한국 기업이면서 외국계 일을 하기 때문에 완전히 외국계 기업이라고 말하기는 힘들지만 하는 일은 외국계 기업에서 하는 일과 크게 차이가 없으므로 비슷하다고 생각해 주기 바란다.

현재 다니고 있는 회사는 글로벌 스토리지 제품을 한국에 판매하는 회사이다. 스토리지하면 약간 낯선 분들도 있겠지만 흔히 내 컴퓨터나 노트북에 들어가는 하드디스크를 판매하는 회사라고 보면 된다. 개인용이 아닌 기업용 저장장치를 판매한다고 생각하면 될 것 같다. 흔히 B2B 기업의 범주에 들어가는 회사라고 보면 된다. B2C와 B2B에 대한 차이점을 간단히 언급하면 다음과 같다.

특징	B2B	B2C
수요	조직(회사)	개인
규모	대량	소량
고객수	소수	다수
고객분포	집중	분산
유통	Direct	Indirect
구매 성향	전문적	개인적
구매 영향	Multiple	Single
협상	Complex	Simple
상호 의존	O	X
리스	대량	소량
판촉	Personal Selling	광고

출처: 중소기업 진흥공단

최종 사용자가 일반인이 아닌 기업이므로 일반인에게 노출될 여지는 거의 없다. 주로 기업의 전산 담당자나 관련 부서의 매니저급을 대상으로 영업이나 마케팅이 이루어진다.

B2B 영업이나 마케팅에 관련해서는 시중에 책들이 있으므로 참조하도록 하자. 참고로 B2B는 마케팅보다 영업에 의존을 많이 하는 구조다. 따라서 영업 사원이 영업을 최대한 잘할 수 있도록 마케팅이나 지원 부서가 지원하는 구조를 가지고 있다. (현재 이러한 구조가 디지털 마케팅 시대에 오면서 파괴되고 있지만 아직은 영업이 B2B의 핵심인 것만은 사실이다.)

자 그럼 이런 상황에서 필자가 담당하고 있는 프로덕트 매니저는 주로 어떤 일을 하는지 필자의 일상에 빗대어 알아볼까 한다.

▶ 프로젝트 매니저의 일상

오늘도 팀장님께 핀잔을 들었다. 어제까지 제출하기로 한 제품 판매 활성화 방안을 왜 아직도 보내지 않느냐고. 왜 안그러고 싶겠나? 하지만 오늘까지도 이 제품을 어떻게 시장에서 차별화할지 아이디어가 떠오르지 않는다. 내가 멍청한 건 아닌데 뾰족한 수가 안 떠오른다. 답답한 마음에 바깥 바람도 쐬고 동료와 차도 한잔 마시러 나갔다 왔다. 머리를 식히고 나니 조금은 상쾌해지는 것 같다. 유레카! 다행히 생각난 아이디어가 있어 활성화 방안에 추가했다. 이 정도면 OK를 받을 것 같다. '내가 생각해도 꽤 괜찮은 아이디어구먼' 이런 생각에 일사천리로 활성화 방안을 완료하였다.

다음은 뭐지? 마케팅 수행 방안? 마케팅은 마케팅 팀에서 해야 하는 거 아닌가? 내가 어디까지 마케팅을 책임져야 하지? 마케팅 팀에게 이래라 저래라 하는 것도 월권 행위 같고. 어차피 실제 광고나 홍보는 마케팅 팀에서 도맡아 하고 있으니 나는 제품 전략만 잘 짜면 되는 거 아니었나? 아! 기술 협력사를 발굴해서 그 회사와 MOU를 맺어야겠다. 이런 활동은 마케팅 팀이 할 수 있는 역할이 아니다. 제품 브로셔도 작성해야 하고 솔루션 벤더와의 세미나도 추진해야지. 나름 내가 해야 하는 제품 차원의 마케팅 활동도 많이 있구먼. 정신없이 바쁘지만 스케줄 관리는 아웃룩에 등록해두고 철저히 관리해야겠다. 제품 관련 기술 소개 기사도 잡지에 실어야 하네. 이건 다음 주까지. 블로그에 글도 올리라고? 이건 그 다음 주까지.

다행히 다음 주에는 지방 제품 발표회가 있다. 오랜만에 실력 발휘 좀 해야지. 요즘 발표를 많이 안 했더니 감이 떨어진다.

대전 50명, 대구 80명, 부산 150명이라. 발표 준비를 또 해야겠군. 다음주는 1주일간 제품 프리젠테이션에만 집중하면 되니 좀 편하겠군.

지난 주에 발표하고 나니 신문에 내 이름이 나왔군. 뿌듯하다. 이래서 발표할 맛 나는 거지. 내 커리어가 열심히 올라가고 있구나. 내가 신문에 언제 한번 나와보겠어. 이럴 때나 나오지. 이번에는 실수가 좀 많았는데 다음에는 발표 준비를 좀 잘해야겠다.

이번 주는 미국 본사에서 제품 담당자가 오는군. 제품 업데이트를 해 준다고? 이번에는 또 어떤 내용이 바뀐 거야? 체크를 해 두어야겠군. 기술 업데이트를 사내에 전파하려면 정리를 미리 잘해 두어야 하는데 말이야.

이번에 온 매니저는 아시아 지역을 총괄하는 영업 매니저라고 하더군. 제품이 꽤 업데이트가 많이 되었네. 다음 주까지는 사내에 전달 교육을 해야 하는데 자료가 별로 없네. 호주에 있는 매니저에게 자료 좀 달라고 메일 써야겠다.

사람들! 한국 사정도 모르면서 왜 안팔리냐고 하면 내가 어떻게 답해주냐고. 해외랑 우리는 상황이 다르다고. 우리 이야기도 제발 좀 들어주라. 너네 얘기만 하지 말고. 가격만 좀 더 내려주면 고객이 팍팍 사줄텐데 말이야.

기존 제품이 지원 종료가 되었다고 하네. 사내 제품 업데이트 가이드에 포함해서 알려야겠다.

이번 달은 너무 바빠서 사내 강의는 도저히 못할 것 같아. 다음 달에는 솔루션 강의를 해야 내 제품에 대한 사람들의 이해도가 좀 더 올라갈텐데. 강의 교안도 작성해야 하고 컨설팅 팀 팀장님과도 일정을 조율해야겠네.

> 사내 강의를 꾸준히 한 덕분에 솔루션 지식들이 약간씩 올라가고 있으니 이 정도면 올해는 성공한 것 같아. 이 정도 교육했으면 내년에는 제안건이 팍팍 들어오겠지?
>
> 응? 또 신규 제품이 출시되었단 말이야? 국내 제품과 얼라이언스 제품도 신규로 기획하라고? 지금 하는 것도 벅찬데? 시장조사하고 제품 판매 방안을 다시 만들어야 겠군. 다시 처음부터 시작이구나… 브로셔 업데이트도 또 해야 하는군.
>
> 하반기에는 신제품 교육 받으러 싱가폴로 가야 하고 한참 또 바쁘겠구나~ 저번 달에 미국 컨퍼런스 갔다온 것도 아직 정리하지 못했는데.
>
> 이번 연말에는 내가 담당하는 제품의 판매가 순조로워서 영업 이익을 초과 달성했다고 한다. 내년에는 인센티브로 목돈을 좀 만져볼 것 같다.

위와 같은 일들이 프로덕트 매니저가 일상적으로 하는 일이다. 실제 하고 있는 필자의 일들을 수기 형식으로 정리해 본 것이다. 물론 여기에 포함되지 않은 더 많은 일들이 있다. 각 팀별로 영업 안건에 대한 체크도 해야 하며 제품에 대한 내부 교육도 실시해야 한다.

제품이 판매되기 위해 사전 준비를 하는 총책임자, 제품 출시 후에 제품 판매의 전략 및 마케팅 방향을 책임지는 사람으로서 프로덕트 매니저는 아주 중요한 역할을 수행한다. 그에 따르는 책임감 및 스트레스도 큰 반면, 제품의 전면에서 제일 먼저 제품을 알아야 하기 때문에 해외 교육 출장이나 해외 컨퍼런스 세미나 등 벤더의 각종 교육의 혜택을 가장 먼저 받는 사람이기도 하다. 어떤가? 이 정도면 프로덕트 매니저라는 것을 할만하다는 생각이 드는가?

3.5 천기누설, 프로덕트 매니저의 연봉이 궁금해

이 글을 보는 독자는 과연 필자가 이렇게도 칭찬하는 프로덕트 매니저의 연봉이 궁금해졌을 것이다. 보통 국내 업체의 제품 매니저의 경우 대기업이 아니라면 연봉이 그리 높지는 않을 것이라고 생각한다. 대기업의 경우에도 연봉 급수 및 직급이 정해진 경우가 대부분이기 때문에 일반적으로는 프로덕트 매니저의 연봉이 대기업의 급여 기준에 맞춰져 있다.

하지만 외국계로 넘어가면 얘기가 조금 달라진다. 외국계 IT 기업의 컨설턴트 및 프로덕트 매니저의 연봉은 꽤 높은 편이다. 통상적으로 외국계 회사는 직급이 다양하지 않다. 국내 기업은 사원, 대리, 과장, 차장, 부장, 이사, 상무, 전무, 부사장, 사장 순으로 단계가 복잡하다.

물론 대기업과 같이 규모가 큰 외국계 기업도 있다. 우리가 잘 아는 HP나 오라클, MS 같은 외국계 기업은 대기업에 맞먹는 수의 직원을 두고 있다.

하지만 일반적으로 외국계 기업이라고 하면 사원, 매니저, 디렉터, 지사장 등과 같이 직급의 체계가 단순하게 구성되어 있다. 또한 인원 수도 50명 내외의 소규모로 구성되어 있는 회사가 많다. 20년 이상을 일해도 상무 진급이 힘든 우리나라와는 다르게 능력 및 실적에 따라 몇 단계의 수직 상승이 가능하다. 사원급에서 매니저 급으로도 순식간에 진급할 수 있는 곳이 외국계 기업이다. 이런 경우 직급만 뛰는 것이 아니라 연봉도 몇 단계나 상승한다. 주로 외국계 기업에서 억대 연봉자가 많은 이유가 바로 이런 특징 때문이다.

내 주위 지인들은 외국계 IT 벤더에서 근무하는데 보통 8천만-1억 원 이상의 연봉을 받는다. 그러나 외국계 기업은 철저하게 실적과 연동되기 때문에 일을 아무리 잘하더라도 실적이 없다면 언제든지 회사에서 내쫓길 각오를 해야 한다.

연봉 책정은 기본급과 성과급으로 지급된다. 이를 변동급여제도라고 한다. 국내 기업에서도 이러한 변동급여제도를 활용하는 곳이 있지만 폭이 그렇게 크지 않다. 변동급여제도를 사용하는 외국계 기업의 경우 연봉이 1억이라고 해보자. 8:2의 비율이라고 한다면 실적의 80%인 8000만 원은 기본급으로, 나머지 20%인 2000만 원은 성과급으로 나오는 식이다. 앞의 예는 엔지니어나 컨설턴트의 경우이고 영업의 경우는 5:5 비율 혹은 6:4로 책정하는 기업이 많다. 스타트업 기업으로 넘어가면 연봉은 기하급수적으로 높아진다. 내 주위에 스타트업 기업으로 이직한 프로덕트 매니저들은 평균 1.5억~2억 원의 연봉을 받는다. 거기에 회사가 상장하는 경우를 대비하여 별도의 주식까지 인센티브 형식으로 준다. 이 정도 연봉이면 한달에 세금을 제외하고 1000만원씩 받는다고 생각하면 된다.

생각해보라. 똑같이 힘든 일을 하는데 누구는 한달에 1000만원씩 통장에 입금된다고 생각하면 일할 힘이 팍팍 나지 않겠나. 물론 돈이 다가 아니라고 말할지는 모르겠으나 이 정도면 정말 해 볼만한 일임에는 틀림없는 것 같다. 근무 조건도 탁월하다. 업체에 따라서 틀리긴 하지만 출퇴근 시간이 자유롭고, 직속 상사가 싱

가폴이나 홍콩 혹은 호주에 근무하는 매니저라면 1주일에 한 번만 해외 관리자와의 컨퍼런스 콜을 수행하면 그 외의 시간은 자유롭다. 하루 8시간의 업무에만 집중하면 나머지 시간은 어떻게 보내도 신경쓰지 않는다. 오직 실적으로 결과만 보여주면 되기 때문에 상사의 눈치를 볼 필요가 없다.

하지만 외국계 스타트업(특히 IT)은 짧은 시간에 많은 성과를 내야 하기 때문에 연봉을 많이 주는 반면 그만큼 직장의 안정성은 떨어지며 퇴출 당할 리스크를 항상 감내해야 한다. 잘못하면 1년도 못채우고 쫓겨날 수도 있다. 그래서 스트레스 관리를 잘 해야 한다.

이상과 같은 조건에 매력을 느낀다면 처음부터 외국계 기업을 노려보는 것도 좋다.

물론 사회 초년생들이 처음부터 위와 같은 대우를 받을 수 있는 것은 절대 아니다. 위와 같은 경력을 인정받고 일하려면 최소 3-5년 이상의 경력을 쌓아야 한다.

외국계 기업으로 이직하는 것이 사실 쉽지는 않다. 영어 이력서부터 영어 면접까지 통과하기가 까다롭다. IT 분야의 외국계 기업에서는 보통 영어 면접을 3-5 차례 본다. 까다로운 곳은 10번도 넘게 면접을 보는 곳도 있다. 이런 면접에 통과하면 엄청난 연봉과 복지를 누려볼 수 있으니 한번쯤 외국계 업체 진입을 시도하는 것도 좋을 것이다.

3.6 제가 한번 프로덕트 매니저 해보겠습니다(프로덕트 매니저가 되는 방법들)

요즘은 학생들을 만날 기회가 별로 없지만 회사에 들어오는 신입사원들에게 프로덕트 매니저라는 일이 어떤 것인지 알려줄 기회가 종종 있다. 최근 회사가 매년 정기적으로 신입사원들을 20명 정도 선발한다. 신입사원 오리엔테이션 시간에 필자가 하는 업무에 대한 이해를 돕기 위해 정기적으로 프로덕트 매니저의 일에 대한 소개를 하는 경우가 있었다.

그중에서도 가끔은 프로덕트 매니저에 더 알고 싶어 하는 신입사원들이 인터뷰 신청을 하는 경우도 있다. 이럴 때마다 나 스스로도 단편적인 지식만 전달하는 경우가 많고 두루뭉술하게 설명을 할 수 밖에 없었다. 사실 프로덕트 매니저라는 일 자체가 학문적으로 정착되었다기보다는 경험에 의한 "on-the-job"적인 성향이 강하며, 경영학이나 재무회계학처럼 체계적인 학문이나 이론으로 정착된 것은 불과 몇 년 밖에 되지 않았다. 또한 프로덕트 매니지먼트가 오래된 체계에서 나온 것이라기 보다는 여러 가지 학문이나 총체적인 경험들의 산물이 모여서 이루어졌다. 프로덕트 매니지먼트에는 경영학, 재무학, 마케팅 등 다양한 학문들이 종합 백과사전처럼 들어 있다. 따라서 단순히 하나의 영역만 이해한다고 해서 프로덕트 매니지먼트를 마스터할 수 있는 것은 아닌 것 같다. 그런 의미에서 프로덕트 매니저가 되려면 많은 필드 경험을 쌓아야 한다.

하지만 과연 그러한 방법만이 최고일까? 프로덕트 매니저가 되려면 처음부터 무조건 대기업에 들어가 차근차근 경험을 쌓아야 하는 것일까? 나는 그렇게 생각하진 않는다. 그렇다면 프로덕트 매니저가 되기 위한 방법에는 어떤 것이 있을까?

첫 번째로, 스타트업 기업의 프로덕트 매니저로 시작하는 것이다. 우리는 벤처라는 이름으로 스타트업을 이해한다. 기존 프로덕트 매니저는 대부분 기업에서 신입사원 때부터 차근차근 경험을 쌓으며 준비해 왔다. 하지만 요즘은 그럴 필요가 없다. 기술이 있고 아이디어가 있고 시장이 있다면 얼마든지 스타트업 기업을 통해 이러한 역량을 뽐낼 수 있다. 굳이 대기업, 중소기업 취업을 통해서만 프로덕트 매니저가 되는 것이 아니라는 점이다. 길은 얼마든지 열려 있다. 단지 프로덕트 매니지먼트라는 것이 어떤 것이며 프로덕트 매니저가 되기 위해 본인이 어떤 부분을 갖춰야 하는지 시작부터 진지하게 고민하고 준비해야 하는 것이 중요하다.

두 번째로, 가파른 길이 아닌 돌아가는 방법이다. 대기업에만 취업하려고 하지 마라. 프로덕트 매니저는 기업의 규모에 좌우되는 것이 아니다. 산업을 배우는 것이 중요하다. 모든 졸업생들이 대기업에 들어가려고 혈안이 되어 있다. 하지만 대기업의 자리는 산의 절벽처럼 경사가 높고 경쟁은 치열하다. 반면 중소기업은 쓸만한 인재가 없다고 아우성이다. 절벽에 매달리지 말고 돌아가라. 단, 철저한 준비 없이는 가지 마라. 중소기업 중에도 차별화된 자신만의 분야에서 시장을 리드하는 중소기업이 있다. 그 시장의 프로덕트 매니저가 되어라. 용의 꼬리가 되지 말고 차라리 뱀의 머리가 되어라. 프로덕트 매니저의 세계에서는 그 편이 본인의 퍼스널 브랜드를 만들기에 훨씬 도움이 된다. 작은 기업에서 시작하되 본인이 담당하는 시장에서는 반드시 온리원이 된다는 계획을 세워라. 그리고 그 시장에서 온리원 프로덕트 매니저가 되어라.

대기업은 거대한 공장과 같다. 일개 부속품이 되어서 평생을 공장 안에서만 살 것인지 아니면 새로운 기회에 도전하여 주목받는 존재가 될 것인지는 여러분에게 달려 있다.

세 번째로, 이 책을 쓰게 된 동기인 외국계 기업에 도전하는 것이다. 외국계 기업은 경력만을 뽑는다고 알고 있다. 사실이다. 외국계 기업에서 특히 50명 이내의 외국계 기업은 신입을 뽑지 않는다. 하지만 반드시 그런 것만은 아니다. 외국계 기업은 창조적인 마인드로 무장한 사람들을 위해 항상 열려 있다. 신입 공채를 하는 외국계 기업도 많기 때문에 관련 정보를 찾아보면 외국계 기업으로의 입사도 불가능한 것만은 아니다. 외국계 기업은 영어 면접이 우선이긴 하나 영어 면접을 보지 않는 곳도 있으니 사전에 준비를 하는 것이 좋다. 외국계 기업이라고 해서 영어권만 보지 말고 일본계나 유럽계, 중국계 등도 있으니 그 분야의 외국어를 잘한다면 해당 분야의 기업에도 도전해 보기 바란다.

이외에도 필자 같이 외국계 합작 투자 회사에서 근무하는 것도 괜찮은 방법이다. 필자가 근무하는 곳은 외국계 기업과 국내 기업이 합작하여 투자한 회사로서 국내 기업의 문화와 외국계 기업의 문화를 동시에 경험할 수 있다. 국내 기업이 주도하기 때문에 순수 외국계 기업과는 차이가 있지만 외국계 기업의 제품을 중심으로 영업 활동을 한다. 국내 기업의 관리를 받는다는 것 뿐 문화적인 차이를 빼고는 다른 외국계 기업과 큰 차이는 없다. 프로덕트 매니저가 되는 허들이 높다면 나와 같은 방법으로 시작하는 것도 괜찮은 방법이라고 하겠다. 시장에서 같이 경쟁하는 기업의 제품을 다루기 때문에 영어 등의 외국어 회화 및 커뮤니케이션 능력만 기른다면 다른 외국계 회사로의 이직도 수월할 수 있다. 이처럼 여러 가지 루트를 통해 프로덕트 매니저가 될 수 있다.

계속 이야기하지만 중요한 것은 기업이 아니라 시장이고 산업이다. 그 분야에서 자신이 어떤 경험을 쌓아 나갈지가 중요하다. 하나의 기업만 보고 취업을 하지 말라. 하나의 기업에서만 평생 일하는 시대는 이미 끝났다. 평생 직업을 찾으라고 하지만 신입사원 때부터 평생 직업을 찾을 수 있는 사람은 그리 많지 않다. 그보다는 본인이 뼈를 묻을 시장이나 산업군을 찾아라.

자동차, 화장품, 제약, 부동산, 금융권 등등 이러한 분야 중에서 본인이 성공할 수 있는 시장이 어디에 있을지 고민하고 또 고민하라. 남들과 똑같이 휩쓸려서 그냥 저냥 취업에 성공하면 당분간은 좋겠지만 얼마 안가서 잘 나가는 다른 친구의 월급에 동요하고 1년만에 대기업을 그만두는 신입사원들을 누구보다 많이 봐왔다.

본인이 잘하는 분야를 선택하고 그중에서도 시장을 선도하는 프로덕트 매니저로서의 직업으로 본인 자신을 포지셔닝시켜라. 남들과 똑같은 위치에서 똑같은 일을 하는 사람은 더 이상 차별화되지 못한다. 프로덕트 매니저는 회사 내에서 유일하게 차별화할 수 있는 가장 확실한 포지션이다. 회사의 제품을 책임지는 매니저로서의 역할을 해야 하기 때문에 제품 당 1명 정도만으로 한정한다. 이러한 프로덕트 매니저 타이틀을 거머쥐면 사내 핵심 인재로서 평가받을 수 있고 시장을 이끌어가는 마켓 프론티어로서의 기회도 가질 수 있다.

여러분이 평생 몸담을 산업군은 어디인가? 오늘부터 본인이 일할 산업군을 찾아서 공부하라. 그리고 이제 프로덕트 매니저에 도전하라. 이 글을 읽고 행동하는 그대가 바로 미래의 프로덕트 매니저다.

4장 억대 연봉을 받는 스타, 프로덕트 매니저의 7가지 비밀 핵심 역량

4.1 제품의 복음 전도사, 그 이름 에반젤리스트

4.2 제품 기획은 전략가처럼 엣지있게(제품 기획 역량)

4.3 마케팅이 바로 서야 제품이 산다(마케팅 전략 수립 역량)

4.4 제품 홍보는 연예인만 하는 게 아니다(프리젠테이션 역량)

4.5 혼자 가지 말고 같이 가라(커뮤니케이션 역량)

4.6 무조건 바쁜 게 능사가 아니다(시간 관리 역량)

4.7 다기능 팀을 효율적으로 관리하라(조직 관리 역량)

4.1 제품의 복음 전도사, 그 이름 에반젤리스트

Evangelist, 한글로 에반젤리스트라고 한다. 용어가 아마 생소하게 들릴 것 같다.

에반젤리스트는 '에우안겔리온(euangelion)'이라는 그리스어에서 나왔다고 한다. 이 말은 원래 '좋은 소식을 전해주는 사람'이라는 뜻인데 성경에서는 복음을 알리는 예수의 이야기라고 전해진다. 신약성서의 4대 복음서의 저자인 마태, 마가, 누가, 요한을 가리킨다. 이들은 회화와 조각으로 자주 표현되며 성서에는 사람의 얼굴, 사자의 얼굴, 소의 얼굴, 독수리의 얼굴을 가진 생물로 비유되었다고 하며 주로 글을 쓰는 모습으로 그려졌다고 한다.

갑자기 웬 복음서 이야기냐고? 바로 프로덕트 매니저가 이 에반젤리스트에 가깝기 때문이다. 흔히 우리는 하나의 제품에 대한 전문가를 가리켜 스페셜리스트(Specialist)라고 부른다. 보통 이전까지 스페셜리스트는 기술자에 가깝게 사용되어 왔다. 제품에 대한 기술이나 기능을 가장 잘 알고 있는 사람을 스페셜리스트라고 부른다.

하지만 프로덕트 매니저의 경우 스페셜리스트보다는 에반젤리스트가 오히려 더 맞는 구석이 많다. 스페셜리스트는 기존에 존재하는 제품에 대한 전문가라는 성향이 강한 반면 에반젤리스트는 기존에 없던 제품을 세상에 널리 알리는 마치 복음을 전파하는 선구자적인 역할을 하는 사람에 가깝기 때문이다.

근대에는 80년대에 애플의 가이 가와사키라는 사람이 에반젤리즘을 제일 먼저 마케팅에 사용했다. "에반젤리스트들은 물질적인 보상 대신에 자신의 믿음에 따라 제품을 추천하고 새로운 사용자를 모은다"라는 이야기를 했다고 하는데 애플의 스마트폰의 시작을 알리는 아이폰이 처음 나왔을 때도 비슷한 경우라고 할 수 있겠다. 애플에서 홍보하지 않아도 소위 "애플빠"라고 하는 사람들이 아이폰의 우수성을 적극적으로 알리고 또 거기에 영향을 받은 사람들이 너도나도 아이폰을 구매하여 인터넷에 올린 것을 보면 바로 이런 사람들이 에반젤리스트가 아닐까 한다.

기업 차원에서의 에반젤리스트는 구글 및 마이크로소프트와 같은 회사 내에서 새로운 제품이나 신기술을 전파하는 선구자적 역할을 하는 사람으로 불릴 수 있다. 이들은 전 세계적으로 막대한 영향력을 행사하고 있으며 그들 자신이 바로 제품이나 마찬가지의 역할을 하기 때문에 그들의 영향력은 복음을 전파하는 에반젤리스트라 불러도 당연하다. MS의 빌 게이츠나 애플의 스티브 잡스 등의 인물들이 대표적인 에반젤리스트라 할 수 있다.

자 그럼 다시 우리의 주제로 돌아와 보자. 위에 언급된 인물들은 대단한 인물들이다. 우리는 그들과 같은 일은 할 수 없다. 하지만 그들과 우리 사이에 공통점은 있다. 바로 그들 자신이 바로 프로덕트 매니저로서의 역할을 수행했다는 것이다. CEO이면서 새로운 제품의 복음을 전파하는 에반젤리스트. 그것이 바로 공통점이라고 할 수 있다.

우리의 제품을 널리 알리고 복음을 전파하는 것이 바로 프로덕트 매니저가 해야 하는 에반젤리스트로서의 책임인 것이다. 본인이 초라하고 볼품 없는 제품을 담당하고 있기 때문에 그들과 다르다고 생각하지 마라. 본인의 제품이 최고이고 본인은 이 제품을 세상에 널리 알려야 하는 에반젤리스트라고 생각한다면 프로덕트 매니저로서 할 일은 무궁무진하다고 할 수 있다.

다음과 같은 일을 수행하고 있다면 여러분은 이미 에반젤리스트로서의 역할을 수행하고 있는 셈이다.

- 기존에 없던 새로운 제품 소개
- 고객 인식 변화를 위한 새로운 트렌드 소개
- 블로그나 신문 기사를 통한 제품 소개
- 신제품 프리젠테이션
- 신제품 기자 간담회

요즘은 마케팅과 홍보의 싸움이다. 제품의 기술력도 중요하지만 때로는 새로운 제품에 대한 홍보나 인식의 전환을 위한 노력이 더 중요하다. 그렇다면 기존에 없던 새로운 개념의 제품이 나온다면 프로덕트 매니저로서는 절호의 기회다.

당신이 바로 그 제품에 대한 에반젤리스트가 되어라. 그리하여 자신의 제품이 많은 사람에게 인식될 수 있도록 본인 스스로가 제품의 복음 전파자가 되어라. 비록 많은 사람들이 알아주지 않아도 좋다. 내 제품에 대해 최고의 열정을 가진 팬이 되어라. 그러면 자연스럽게 여러분이 제품을 다른 사람에게 가장 잘 홍보할 수 있게 된다.

4.2 제품 기획은 전략가처럼 엣지있게(제품 기획 역량)

흔히 프로덕트 매니저를 제품의 전략 기획자에 많이 비유한다. 제품 기획은 어떻게 해야 하는가? 프로덕트 매니저의 가장 중요한 역량 중의 하나가 제품에 대한 기획 능력일 것이다.

그렇다면 기획서는 어떻게 작성하는 것일까?

엔지니어에서 프로덕트 매니저로 전향한 사람들 중에 힘들어하는 분야가 바로 기획이다. 도대체 제품 기획이라는 것을 어디서부터 해야 하는지 소위 감을 잡기 힘들기 때문이다. 기획이 하나의 아이디어로부터 출발하는 것은 맞지만 기획을 완성하기 위해서는 많은 경험 및 지식이 필요하다. 엔지니어들은 기획서 작성에 관련된 트레이닝을 받아본 적이 없기 때문에 더더욱 어려움을 많이 느낀다.

전략은 고대로부터 존재해 왔고 현재도 각 기업이나 국가에 존재한다. 기업을 위한 기업 전략, 국가를 위한 국가 방향 전략 등 전략은 시대와 지역을 막론하고 다양하게 발전해 왔다. 그래서 전략을 짠다는 것을 상당히 어렵게 생각한다. 전략이라는 것은 특별한 사람만이 생각하며, 소위 스펙이 좋고 머리가 좋은 사람들만 전략을 만든다고 생각한다. 하지만 필자는 그렇지 않다고 생각한다. 우리가 직장에서 부딪히는 모든 일에 대한 고민이나 생각들, 그것을 해결하기 위한 방안이 바로 전략이다. 거창하게 따지지 않아도 우리는 일상에서 전략을 사용하고 있다. 하지만 이런 것들이 정리되지 않고 문서화되지 않기 때문에 각자의 머리속에만 간직되어 있다. 이러한 부분을 잘 표현하기만 하면 전략이 되는 것이다. 단지 어려운 것은 각자의 머리속에 있는 것을 잘 정리하고 문서화하는 능력을 기르는 것이다.

그렇다면 어떻게 이러한 능력을 기를 수 있을 것인가? 간단하다. 평소에 본인의 생각을 그냥 흘려보내지 말고 "메모하고 기록"하는 것이다. 이러한 기록들이 모이면 하나의 큰 주제가 정해질 것이고 이러한 주제를 어떻게 해결해 나갈지를 정리하면 전략이 될 수 있다. 문제는 이러한 문서화는 나만이 보기 위한 것이 아니라는 점이다. 직장에서는 상사에게 보고할 문서가 되고 이러한 문서를 보고할 때는 방향성이 있어야 한다. 전략이란 현재를 기록하는 것이 아니라 미래에 일어날 일에 대한 정리이기 때문에 미래에 대한 방향성을 반드시 제시해야 한다. 그렇기 때문에 보통 일상적인 정리는 잘 하지만 상사에게 보고할 형식의 문서를 작성하는데 애를 먹게 된다.

무릇 모든 일들은 처음이 어렵다. 기획서도 정형적인 형식이 어느 정도 정해져 있기 때문에 그 회사에서 사용하는 기획서는 어느 정도 포맷이나 템플릿이 사내에 있을 것이다. 가장 잘 되어 있는 템플릿을 입수한 다음 본인만의 생각이나 방향성을 정리한다면 그것이 바로 기획서가 된다.

그렇다면 하나의 제품 기획서를 작성하기 위해 필요한 과정을 살펴보자.

1. 제품 컨셉 정의
2. 정보 수집
3. 템플릿에 맞춰 자료 작성
4. 액션 플랜

기획에서 제일 중요한 것은 제품의 컨셉, 즉 차별화라고 생각한다. 그 제품만의 독자적인 차별화 기능이나 핵심 요소가 없다면 제품 기획의 의미가 없다. 현재 시장에 나오지 않았던 제품. 기존 제품은 있으나 차별화가 가능한 제품을 컨셉으로 기획을 수립해야 한다. 그렇지 않다면 시장에 나와 있는 여러가지 제품들 중의 하나가 될 것이고 제품화될 가능성이 적어진다. 왜냐하면 기획을 하고 있는 도중에 시장에서 유사한 제품이 계속 쏟아질 것이기 때문이다. 때문에 기획을 진행하더라도 시장의 트렌트를 보면서 계속해서 기획을 이어나갈 수 있는지를 계속 모니터링해야 한다.

액션이 중요하다

기획 후에 제일 어려운 부분이 바로 액션이다. 기획만 하고 그 이후에는 일이 끝날 것으로 알지만 그렇지 않다. 본인이 제출한 기획안을 현실화하려면 어떻게 해야 할까? 이 부분에서 어느 정도 경험이 쌓이면 처음에 거창했던 기획서의 스케일이 작아지는데 그것은 기획한 사람이 그 이후의 액션에 대해 자신이 없기 때문이다.

기획서 작성 이후에 '다른 사람들이 이제 해 주겠지'라고 생각하면 천만의 말씀이다. 기획서에 적혀 있는 한마디 한마디가 모두 기획자 본인의 일이 된다. '나는 기획을 했고 이건 내 분야가 아니니까 나머지는 다른 사람들이 고민하고 해결하겠지'라는 안이한 생각으로 기획서를 작성해서는 안된다.

기획서에 적혀 있는 모든 일이 본인이 수행하고 챙겨야 할 일이라고 보면 된다. 설령 그 일이 결과적으로는 다른 부서가 해야 할 일이 된다고 할지언정 일이 만들어지는 과정까지는 기획자가 챙겨야 한다. 초보 프로덕트 매니저가 가장 실수하는 부분이 이것인데 기획서를 거창하게 작성한 다음 세부 액션에 대한 부분은 다른 부서로 넘기는 경우가 많다. 하지만 추후 세부적인 액션에 대한 부분도 기획서에 구체적으로 작성되어 있어야 한다. 그리고 그 부분의 실행이 기획자에게 달려 있음을 명심하자. 이런 점에서 기획서에 들어갈 내용을 신중하게 작성해야 한다. 추후 책임 소재가 일파만파로 커질 수 있기 때문이다. 반드시 다른 팀이나 부서와 공조해서 일이 해결될 수 있는지를 파악한 후에 기획하고 구체적인 액션 플랜을 작성해야 한다.

실행 후의 뿌듯함

하나의 기획서가 마무리되는 시점에는 "고생 끝에 낙이 온다"는 옛 속담을 떠올릴 수 있다. 일단 기획이 끝나고 전반적인 실행 계획이 수립된 후에는 영업 부서 및 컨설팅 부서를 통해 실제 고객을 대상으로 한 영업 활동이 수행된다. 이때 우리 회사와 같은 B2B 업체는 고객에게 제품 소개를 하기 위한 브로슈어를 만들어 배포하기도 하고, 제품 소개를 위해 대외 홍보 등을 실시한다. 사실 기획자가 마음이 뿌듯해지는 경우는 이럴 때이다. 자신이 기획한 제품이 실제 회사를 대표하는 제품이 되어서 브로슈어나 각종 홍보물로 탄생되어 세상에 나가게 될 때는 갓 태어난 애기를 보는 엄마와 같은 기분을 느낀다. (필자는 남자라서 애기를 낳은 적은 없으나 엄마의 기분이 아마 이러리라는 것은 짐작이 간다.)

물론 여기까지 했다고 해서 완전히 끝난 것은 아니다. 제품 출시 이후에도 제품 판매의 진행 상황이나 고객이 느끼는 불편한 점이나 영업으로부터 들려오는 보완점들을 계속해서 모니터링해야 하며 거기에 맞춰서 수정 및 보완해 나가야 한다. 하나의 제품을 완료한 후에는 또 새로운 기획을 찾아 나서야 한다. 전략 기획자는 신제품 헌터가 되어야 한다는 것이 필자의 생각이다. 한 제품만을 위한 프로덕트 매니저보다 끊임없이 제품을 융합하고 새로운 제품을 만들어 내기 위해 고민하라.

4.3 마케팅이 바로 서야 제품이 산다(마케팅 전략 수립 역량)

프로덕트 매니저에게 필요한 능력 중 하나가 마케팅 능력이다. 프로덕트 매니지먼트에서 마케팅 영역은 정확히 구분하기 힘들다. 회사마다 요구하는 능력이 다르고, 실제 맡고 있는 직함에 따라 마케팅에 직접 관여하는 프로덕트 매니저가 있고 그렇지 않은 프로덕트 매니저가 있기 때문이다.

가령 마이크로소프트는 프로덕트 매니저를 프로그램 매니저라고 부른다. 마이크로소프트에서 프로덕트 매니저는 개발 중인 SW에 대한 기획 및 제품 개발에 관여하며 전체적인 부분을 총괄하는 매니저 역할을 수행한다. SW 개발이 완료되면 이후 진행은 마케팅 매니저에게 넘어간다. 마이크로소프트의 프로덕트 매니저는 마케팅 부분에 크게 관여하지 않는다.

프로덕트 매니저라는 용어가, 실리콘밸리에 있는 IT 기업에서 많이 사용되었기 때문에 소프트웨어를 전문으로 하는 구글이나 애플과 같은 기업에 특화되어 온 것이 사실이다. 하지만 최근의 프로덕트 매니저는 기술뿐만이 아니라 제품 전체

Life-Cycle 관점에서 기획이나 마케팅에도 상당히 큰 영향을 미치고 있기 때문에 신약을 개발하는 제약 회사나 제조, 유통업체 등에서도 많은 역할을 수행한다. 기획이나 마케팅 관점이 좀 더 중요한 매니저를 흔히 프로덕트 마케팅 매니저라고 구별해서 부르기도 한다.

마케팅을 잘 알기 위해서는 마케팅 전략의 흐름에 대한 프로세스를 잘 알아야 한다. 마케팅 전략의 흐름에 대한 프로세스는 아래 그림과 같다.

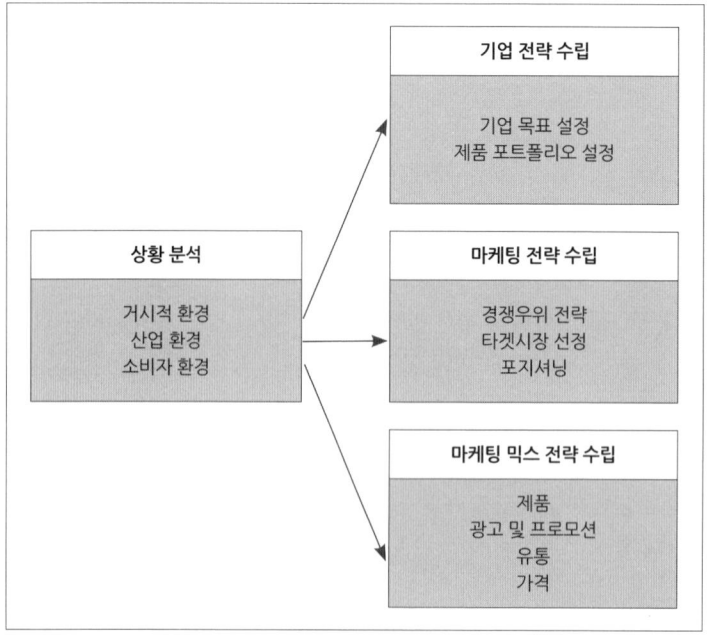

통상적으로 현재 시장의 환경을 분석한 다음 그에 맞춘 세부 전략을 수립한다. 세부 전략 수립이 끝나면 마케팅 실행 후 사후 관리를 통해 마케팅 전략을 관리한다. 하나의 제품이 아닌 여러 개의 제품이 동시에 관리될 수 있으며 신규로 제품을 출시하는 경우에도 본 마케팅 전략 프로세스는 대부분 준수된다. 마케팅 전략 프로세스에서 B2C 기업과 B2B 기업의 차이점이라고 한다면 최종 사용자가 일반인을 대상으로 하는 것인지 아니면 기업 고객을 대상으로 하는 것인지가 다르다.

예를 들어 LG전자와 삼성전자는 B2C 기업이자 B2B 기업이다. LG전자와 삼성전자는 스마트폰을 제조하여 판매한다. 스마트폰은 누구를 대상으로 판매되는가. 일반 소비자들을 대상으로 판매된다. 우리는 대리점에서 스마트폰을 구매하고 통신사에 가입하여 스마트폰을 사용한다. 스마트폰을 판매할 때 어떤 마케팅을 하는가. 대부분 아시겠지만 텔레비전이나 인터넷을 통해 광고하고, 직접 대리점에 들러 사용을 해보면서 제품을 구매하도록 한다. 이러한 과정에서 자기 회사의 제품을 고객에게 알리고 구매하게 하는 과정이 바로 마케팅이다. 그리고 일반인을 대상으로 하기 때문에 B2C 마케팅이라고 한다.

이젠 스마트폰을 제조하는 LG전자나 삼성전자의 입장에서 보자. 스마트폰을 생산하기 위해서는 각종 부품이 필요하다. 모든 부품을 LG전자나 삼성전가가 자체 생산하지 않는다. 핵심 기술이 들어간 부품은 직접 만들기도 하겠지만 대부분 경쟁력 있는 협력업체를 통해 부품을 수급하고 그 부품들을 조립하여 제품을 생산한다. 협력업체는 LG전자나 삼성전자에 자기 회사의 부품을 납품하기 위해 부품의 우수성을 LG전자나 삼성전자에 어필해야 한다. 이러한 것은 일반인들이 알 수 없는 부분이다. 기업 대 기업으로 이루어지기 때문이다. 자사 제품의 우수성을 스마트폰 생산 회사에 알리려면 부품의 우수성을 증명하기 위해 여러 가지 활동을 해야 한다. 자사 제품의 우수성에 대한 홍보 브로셔도 만들어야 하며 제품 관련 정보를 볼 수 있도록 회사 홈페이지에 홍보 페이지도 만들어야 한다. 또한 관심을 끌 수 있는 정보를 스마트폰 제품 담당자에게 지속적으로 제공해야 한다. 또한 그들을 위한 세미나도 개최해야 한다. 바로 이러한 일들이 기업 대 기업으로 이루어지기 때문에 B2B 마케팅이라고 한다.

시중에 나와 있는 책들이 거의 대부분 B2C 영역의 마케팅을 다루고 있기 때문에 B2B 분야의 경우 참고할 수 있는 자료나 도서가 많이 부족한 편이다. 하지만 마케팅 분야가 반드시 B2B나 B2C로 무 자르듯이 정확하게 자를 수 있다고 생각하지 않는다.

마케팅 전략 프로세스는 동일하며 그에 대한 고객의 접근이나 환경적인 부분이 약간씩 다를 뿐 기본적인 전략의 흐름이나 전략을 수립할 도구에 대한 부분은 대동소이하기 때문에 B2B 기업이라고 할지라도 일반적인 마케팅 전략에 대한 부분을 활용하면 된다.

최근에는 B2B 분야에서도 디지털 마케팅이 중요한 부분으로 부각되고 있기 때문에 관심을 가져야 할 마케팅 분야다. 디지털 마케팅은 온라인으로 수행하는 마케팅이라고 보면 편하겠다. 이메일 마케팅이나 모바일 마케팅, 소셜 마케팅 등이 그것인데 B2C 기업들은 기존에 많이 활용해 왔으나 B2B 기업들은 이제서야 필요성을 느끼고 조금씩 수행하고 있는 것 같다. 특히 소셜 마케팅은 B2B 기업이 많은 관심을 가져야 하는 분야이며 빅데이터 시대에 들어와서 그 중요성이 더욱 커지고 있다.

향후 프로덕트 매니저의 역량은 마케팅 역량을 누가 더 많이 습득하느냐에 따라 달라질 것이다. 마케팅을 아는 프로덕트 매니저와 그렇지 않는 프로덕트 매니저는 많은 부분에서 대우를 달리 받을 것이라고 생각된다. 앞으로는 기술을 잘 아는 마케터야 말로 제대로 살아남을 수 있는 시대가 될 것이라고 전문가들은 언급하고 있다.

바야흐로 마케팅 테크놀러지스트의 시대가 다가오고 있는 것이다. 기술을 겸비한 마케터인 마케팅 테크놀러지스트가 되기 위해 프로덕트 매니저들의 노력이 더 절실해지는 이유다.

4.4 제품 홍보는 연예인만 하는 게 아니다(프리젠테이션 역량)

"나는 지금 무대에 서 있다. 수많은 사람들이 나를 지켜보고 있다. 스포트라이트는 나만을 위해 비춰지고 있고 많은 사람들은 내가 하는 한마디 한마디에 집중하고 있다. 내가 어떤 이야기를 하는지에 따라서 그들은 내 말에 집중하기도 하고 관심을 두지 않기도 한다. 무대에 오르기 전까지도 두근두근거리고 실수하면 어떻게 하지? 말이 꼬이면 어떻게 하지? 하는 생각이 끊임없이 맴돈다. 하지만 무대에 올라 진행하는 순간 내가 이 무대에 서서 이 많은 사람들 앞에서 발표를 한다는 것이 믿어지지 않는다. 끝나고 나면 왠지 뿌듯한 기분이 들면서 오늘도 하나의 멋진 경험을 했다는 생각이 든다. 그 사람들은 내 발표를 어떻게 생각할까? 내 제품의 모든 것이 제대로 전달된 것일까? 차후 발표에 보완해야 하는 내용은 무엇일까? 당장 가서 자료를 수정해서 다음에는 더 잘해야지."

프로덕트 매니저는 프리젠테이션에 능해야 한다. 언제 어디서건 제품에 대한 소개 및 대외 홍보가 있기 마련이다. 그때마다 다른 사람에게 부탁할 수는 없는 노롯이다. 특히 무대 공포증에 가깝게 무대에 서서 발표하는 것을 꺼리는 사람들이 있다. 특히 엔지니어에서 프로덕트 매니저로 전향한 사람들에게서 그런 경향이 많이 보인다.

그렇다면 프리젠테이션 능력을 기르기 위해서는 어떻게 해야 할까? 우리가 알고 있는 프리젠테이션의 명사인 스티브 잡스. 시중에 나와 있는 대부분 책들이 스티브 잡스를 기준으로 프리젠테이션을 많이 알리고 있다. 스티브 잡스의 프리젠테이션은 정말 훌륭하다. 스티브 잡스의 프리젠테이션은 특별하다. 그러나 모든 제품을 그렇게 프리젠테이션할 수는 없다. 스티브 잡스의 프리젠테이션은 정말 독창적이고 사람의 마음을 움직이긴 하지만 B2B 업계의 프리젠테이션에는 제품에 대한 아주 상세한 내용이 포함되므로 스티브 잡스와 같은 프리젠테이션은 거의 할 수가 없다. 특히 대학생이나 사회 초년생의 경우 스티브 잡스의 프리젠테이션을 선호하곤 하는데 일반인을 대상으로 하는 프리젠테이션에는 맞을 수 있으나 기업에서 원하는 프리젠테이션은 그와 다르다는 것을 알 필요가 있다. 이상과 현실은 분명히 다르다는 사실을 알 필요가 있다.

프리젠테이션은 감성적인 프리젠테이션과 이성적인(논리적인) 프리젠테이션, 두 가지가 있다고 본다. 감성적인 프리젠테이션은 스티브 잡스가 하는 프리젠테이션이다. 주로 마케팅이나 일반 대중을 대상으로 하는 프리젠테이션에서는 스티브 잡스와 같은 감성적인 프리젠테이션이 어울린다.

필자가 속해 있는 B2B 시장의 프리젠테이션은 조금 다르다. 물론 요즘은 감성적인 프리젠테이션도 많이 접목을 하고 있긴 하다. 프리젠테이션 도입 초반에 감성적인 부분으로 고객을 이끌고 그 이후에는 이성적인 부분으로 연결시키는 것이 요즘은 흔한 것 같다. 그렇지만 실제로는 이성적인 프리젠테이션이 더 많다. 무슨 말인고 하면 이성적인 프리젠테이션의 경우는 제품에 대한 기능이나 그 기능을 사용했을 때의 효과적인 부분이 좀 더 상세히 표현된다는 것이다. 산업 기기나 하드웨어 제품에 대한 프리젠테이션을 들어보신 분들은 아시겠지만 한 화면에 한 문장만 표시되고 하나의 이미지만 표시되는 그러한 프리젠테이션은 일반적인 B2B 기업의 프리젠테이션에서는 존재하지 않는다.

처음부터 끝까지 논리적으로 제품의 우수성과 기능에 대한 부분을 일목요연하게 나타내야 하기 때문에 몇 글자의 텍스트와 몇 장의 이미지로는 그 모든 것을 결코 다 표현할 수 없다. 오히려 고객들 중에는 아직도 프리젠테이션 화면을 빽빽하게 글자나 기호로 채워서 자료를 제공해 주기를 원하는 고객이 많다. 나중에 자료를 페이퍼로 받을 경우에 찬찬히 읽어보기를 원하는 고객이 많기 때문이다. 그런데 이미지나 몇 줄의 텍스트로만 채워진 자료를 받는다고 생각해보라. 아마 무슨 내용인지 파악하기 힘들 것이다. 이러한 부분은 추후 제안서를 작성하는 부분과 연계되기도 한다. 프리젠테이션 능력이라고 해서 무조건 발표만 잘하면 되는 것은 아니다. 자료도 일목요연하게 논리적으로 잘 작성되어야 한다. 이러한 부분들은 시중에 나와 있는 파워포인트 작성법 관련 책에 자세히 소개되어 있으므로 참고한다.

그러나 표현하는 능력에 대해서는 책으로 전달할 수 없는 부분이 많다. 무대의 분위기를 이끌어 내는 능력이나 목소리의 톤, 발표의 강약, 발표자의 시선 처리 등 하나의 발표를 하기 위해 프리젠터가 해야 할 일이 무척 많다. 흔히 이런 부분을 프리젠테이션 스킬이라고 해서 강의해 주는 곳이 많다. 하지만 프리젠테이션 스킬보다는 본인이 전달하고자 하는 메시지에 집중해야 한다. 정말 이 발표를 통해 청중에게 주고자 하는 메시지는 무엇인지, 이 발표가 끝나면 청중은 무엇을 기억하고 있을지를 충분히 고민하고 자료를 작성해야 한다. 그런 자료야 말로 듣는 사람을 감동시키고 제품을 구매하게 만든다.

프리젠테이션, 뻔뻔함으로 승부하라

프리젠테이션 중에 중요한 것이 발표 능력이다. 흔히 스피치 능력이라고 한다. 이 발표 능력을 기르기 위해 많은 사람들이 스피치 학원을 다니기도 하고 프리젠테이션 교육을 들으러 가기도 한다. 필자의 경험을 이야기하자면 필자는 어릴적 웅변 학원을 다녔다. 어릴 때 여러 종류의 학원을 다녔지만 부모님께 가장 감사하게 생각하는 것은 사람들 앞에서 멋지게 발표하게 만들어준 웅변 학원을 다니게 해주신 것이다.

사춘기가 끼어 있는 중학교, 고등학교 때까진 성격이 내성적이라 약간 쭈뼛거리긴 했지만 어릴 때부터 남들 앞에서 나가서 말하는 것에는 자신 있었다. 대학교 시절 복학 후에는 복학생이랍시고 대표로 나서서 많은 말을 했다. 그것이 사회 생활로 이어져 신입사원 주제에 500명 되는 사업부 사람들을 모아놓고 사업부의 향후 진행 방향이나 행사 내용을 알리는 역할을 맡기도 했다. 업무에서는 도움이 되지 않는 지원부서라고 생각했지만 신입사원이 그것도 갓 들어온 신입사원이 500명이나 되는 사람들 앞에서 말할 기회는 그리 흔치 않다. 그럴 때마다 필자는 묘한 쾌감을 느끼기도 했다. 이 많은 사람들이 내 입에서 나오는 정보에 귀를 기울이며 경청하고 있다는 사실에 약간 우쭐하기도 하고 기분이 좋기도 했다. 이렇게 많은 경험을 거친 후 프로덕트 매니저의 역할을 수행하면서 대고객 제품 소개 역할도 맡아야 했기 때문에 더 많은 일을 할 수 있었다. 대부분의 제품 소개는 팀장님도 아니고 사수도 아니며 거의 대부분을 필자가 진행했다. (물론 중요한 자리에서는 팀장님이나 직속 상사가 하기도 했다.)

신규 제품이고 새롭게 뜨는 트렌드 제품이다보니 여기저기 제품 소개 요청이 많았고 그때마다 고객 앞에서 프리젠테이션을 해야 했다. 약 200군데가 넘는 곳에서 고객 프리젠테이션을 하니 내용을 보지 않아도 프리젠테이션 내용을 외울 정도가 되었다. 대외 고객을 대상으로 하는 프리젠테이션은 처음이었지만 나름 앞에 나서서 말하는 것에 자신이 있어서 재미도 있고 뿌듯했다. 하지만 그것도 호응이 좋은 고객일 경우였다. 문제가 되는 것은 우리 제품의 브랜드 경쟁력이었다. 필자가 담당했던 제품의 경우 제품의 안정성은 좋지만 국내에 인지도가 없는 B급 제품으로, 일본에서는 알아주는 브랜드였으나 국내에서는 생소한 제품이었다. 당연히 고객은 인지도가 높은 회사의 제품에 흥미를 보였고 우리의 제품에 대해서는 반응이 좋지 못했다.

제품 프리젠테이션 후 제일 맥이 빠지는 경우가 "그래서 어쩌라고?"라는 부정적인 반응이었다. 10번 중에 7-8번은 이러한 반응이었다. 제품이 좋은 줄은 알겠는데 인지도가 없어서 미안하다는 반응이 거의 대부분이었다. 이럴 때는 프리젠터도 맥이 빠진다.

이럴 때 프리젠터에게 내성이 생겨난다. 한 몇 십번 정도 거절을 당하면 이젠 될대로 되라지 라고 얼굴에 철판을 깔게 된다. 구매할 사람은 다 사게 되어 있다는 생각이 들면서 이때부터 필자는 철가면이 되었다. 프리젠터나 강사에게 가장 필요한 것이 이런 것인 것 같다. 강의에 내성이 생기는 것. 본인이 호응도를 만들어 갈 수 없는 상황에서도 실망하지 않고 프리젠테이션을 이끌어가는 것. 바로 프리젠테이션 발표에는 이런 기질이 필요하다.

그 이후 이직을 한 번 했고 이직한 회사의 제품은 국내에서 잘나가는 외국계 가상화 솔루션 제품이었는데 이 제품은 각지에서 소개를 받고 싶어 하는 사람들이 부지기수였다. 그래서 별도의 발표 테크닉 등이 없어도 발표만 잘 끝내면 자동으로 제안으로 연결되고 구매가 성사되는 그러한 제품이었다. 프리젠터로서는 이런 제품이 쉬울 수 있겠지만 경험을 쌓는 차원에서는 그리 좋은 것만은 아니다. 팔기 어려운 제품도 경험을 해 보아야 발표 능력에 내성이 생기고 발표에 오기도 생기며 더 좋은 프리젠테이션을 위해 노력할 수 있다. 물론 잘 팔리는 제품이라도 더 노력해서 좋은 발표를 하는 것이 당연하겠으나 개인의 발전을 위해서는 잘 팔리지 않는 제품에 대한 경험도 해보면 좋을 것이라 생각한다. 잘 팔리는 제품만 담당하는 프리젠터라면 이는 축하할 일이다. 성공의 연쇄 고리를 계속해서 가져가고 있으니 말이다.

다시 한번 말하지만 프리젠테이션은 일단 대중 앞에 서는 것에서부터 시작한다. 제일 좋은 방법은 큰 무대에 설 수 있는 기회가 있다면 치열하게 준비해서 거기에서 보는 것이다. 한 1000명 쯤 말이다. 그럴 일이 내게는 없다고? 글쎄 그렇게 자신할 수 있을까? 기회는 우연히 갑자기 찾아온다. 그것을 잡는 것은 본인의 몫이고. 필자는 그렇게 해서 작년에 1000명 가까이 되는 군중 앞에서 발표를 했다. 필자도 수백 번의 많은 고객 프리젠테이션 경험이 있었지만 1000명 정도 되는 군중 앞에서 하는 것은 처음이라 많이 떨렸다. 그럼에도 불구하고 멋지게 잘 해냈고 끝난 후에 나에게 엄청나게 칭찬을 해 주었다. 잡지에 실린 사진 및 동영상은 아직도 잘 보관하고 있다. 일단 1000명쯤 되는 군중 앞에서 경험을 해보면 나머지 발표는 우습게 여겨진다. 이때부터는 발표에 자신이 붙고 무엇이든 할 수 있을 것만 같은 자신감이 생긴다.

프리젠테이션을 위한 발표력 향상을 위해 다음의 7가지를 꾸준히 실천하라.

1. 몇 명 앞이라도 서서 발표할 수 있는 자리라면 서서 발표를 하라.
2. 제품 소개를 위한 자리를 적극적으로 만들어라. 부딪혀야 발표력이 늘어난다.
3. 처음에는 발표의 흐름 및 스크립트를 반드시 만들어라.
4. 프리젠테이션의 전후 페이지가 논리적으로 자연스럽게 연결되면서 이어져야 한다.
5. 발표력 향상을 위한 보컬 트레이닝을 하라. 목소리, 전달력, 호소력 등이 몰라

보게 달라질 것이다.
6. 발표 전 사전 리허설은 몇 번이고 수행하라. 회사건 집이건 발표 공간을 만들어 놓고 리허설하라.
7. 내 발표를 동영상으로 찍어서 리뷰해보라. 배우들도 항상 그렇게 자신의 연기를 모니터링한다.

4.5 혼자 가지 말고 같이 가라(커뮤니케이션 역량)

프로덕트 매니저의 일은 광범위하다. 회사 전체의 조직을 자세히 파악하고 있어야 한다. 프로덕트 매니저가 관여하지 않는 부서가 없기 때문이다. 프로덕트 매니저가 혼자 힘만으로 성공할 수 있는 일은 없다. 그래서 타 조직의 성공이 곧 여러분의 성공이 된다. 이렇게 되기 위해서는 끊임없이 다른 부서의 일에 관심을 보이고 참여해야 한다. 이것이 말처럼 쉬운 일은 아니다.

산업재 제품을 판매하는 B2B 영역의 경우 광고보다는 고객 대상 영업에 대부분 의존한다. 제품을 판매하는 영업과의 관계에 있어서 프로덕트 매니저의 태도는 매우 조심스럽다. 프로덕트 매니저의 임무 중 하나는 영업의 판매 현황 및 실적을 모니터링하고 그 결과를 분석하는 일이다. 분석한 결과를 바탕으로 부족한 제품 판매 실적 극복을 위한 방안을 마련하고 대응책을 수립한다.

영업은 실적에 극도로 민감하다. 본인의 실적을 남에게 알려주는 것을 상당히 싫어한다. 중간 결과가 좋지 않은 상태에서 윗선에 보고되고 추궁받는 것을 좋아하지 않기 때문이다. 보통 중간 결과가 좋지 않아도 연말에 가서 한꺼번에 실적을 채우는 영업들이 많기 때문에 중간 중간 체크 당하는 것을 싫어한다. 그래서 본인이 가지고 있는 제안 안건을 숨기기도 한다. 이런 경우에는 프로덕트 매니저가 아무리 좋은 의도를 가지고 영업을 도와주려고 해도 좋은 결과로 나타나지 않는다. 어떤 경우에는 싫어도 보고를 해야 하므로 해당 영업과의 상의 없이 팀장을 통해 실적을 취합하고 보고하는 경우도 있다. 이럴 경우 해당 영업과의 관계가 나빠지거나 소원해지기 때문에 제품 판매에 관련된 일이 원활하게 진행되지 않는다.

엔지니어 그룹과의 관계에 있어서도 조심해야 한다. 엔지니어는 기술 중심 그룹이다. 팀장급을 제외한 엔지니어들의 영업적인 마인드는 부족한 편이다. 그들에게 중요한 건 판매도 판매지만 당장의 고객 지원이나 설치 완료. 따라서 기술 엔지니어에게 비즈니스적인 부분을 너무 강조하다 보면 서로가 힘들고 피곤해진다. 프로덕트 매니저는 고객이 가진 비즈니스 요구를 파악하여 엔지니어들과 효율적으로 소통할 필요가 있다. 프로덕트 매니저는 영업에 대한 비즈니스 마인드와 제품의 기술적인 요소들을 동시에 파악하고 있기 때문에 엔지니어들을 대할 때 이러한 부분을 잘 전달할 수 있다.

마케팅 부서는 특히 프로덕트 매니저와 연관이 많다. 제품 마케팅 전략에 대한 계획도 수립해야 하고 세미나 및 전시회 관련 계획도 수립해야 한다. 제품 기사를 잡지에 투고하거나 제품 업데이트나 제품 로드맵 같은 자료도 공동으로 업데이트 해야 한다.

간혹 제품 홍보에 대해 의견 충돌이 발생하는 경우가 종종 있기 때문에 마케팅 부서와의 마찰이 일어나지 않도록 관계를 돈독히 해야 한다.

대외 협력 파트너들과의 관계도 소홀히 해서는 안된다. 대외 파트너사들은 같은 회사의 사람이 아니기 때문에 말 하나 행동 하나에 더욱 조심해야 한다. 특히 이메일을 통해 오해가 많이 발생할 수 있기 때문에 대외적인 이메일은 신경써서 보내야 한다. 메일에 참조해야 할 사람을 신중하게 생각하여 보내는 것도 중요하다. 가끔 보내지 말아야 할 사람에게 메일을 잘못 보내서 비즈니스 관계를 곤란하게 만드는 사람들도 많다. 잘못된 이메일로 인해 비즈니스가 깨지는 경우도 있기 때문에 외부 협력사들에게 메일을 보낼 때는 신중을 기해야 한다. 이러한 부분을 모르는 초보 프로덕트 매니저들이 제법 많다.

이렇듯 프로덕트 매니저는 혼자서만 일할 수 있는 사람이 아니다. 모든 다양한 관련자들과의 협력을 통해서만 성장할 수 있다. 나 혼자만 잘난 프로덕트 매니저는 조직 내에서 언젠가는 소위 "왕따"가 된다. 제품의 성공을 위해 영업과 함께 판매 전략을 고민하라. 제품의 성공을 위해 엔지니어들과 같이 기술을 연구하라. 제품의 성공을 위해 협력사들과 밀착된 파트너쉽을 구축하라. 제품의 성공을 위해 혼자 가지 마라. 같이 가라. 그것이 바로 제품의 성공을 이끄는 길이 될 것이다.

4.6 무조건 바쁜 게 능사가 아니다(시간 관리 역량)

하루는 24시간으로 구성되어 있다. 더도 덜도 주어지지 않는다. 이 주어진 24시간을 어떻게 사용하냐에 따라 우리의 일상은 완전히 달라질 수 있다. 프로덕트 매니저의 일상은 정말 분주하다. 내 일을 오롯이 내 일에 투자할 수 있는 시간은 하루에 몇 시간 되지 않는다. 여기저기에서 일이 수시로 치고 들어오기 때문에 내 일정은 나의 일정이 아니다. 어떤 날은 하나의 일 처리를 위해 하루종일 보내는 경우도 있는데 일과 보고에 들어가기도 힘든 별 것 아닌 일을 처리하느라 하루를 다 보내는 날도 있다. 믿어지지 않겠지만 정말 있다.

예를 들어, 제품의 세부 사양을 확인할 때 누구도 알지 못하는 경우가 있기 때문에 프로덕트 매니저는 다양한 채널을 통해 정보를 찾아야 한다. 해외에도 메일을 보내 보고 벤더에게 질의도 보내 보지만 하루 종일 전화 통화하고 메일만 보내다가 어느새 퇴근 시간이 된 경우도 있다. 이럴 때는 무엇을 했는지에 대한 결과가 명확하지 않기 때문에 허탈한 기분이 들 때도 있었다.

프로덕트 매니저의 효율적인 시간 관리는 이와 같이 방향성 없이 일어나는 일을 어떻게 처리하냐에 따라 승패가 좌우된다. 시간을 효율적으로 관리하기 위해 시간 관리에 대한 기술을 익힐 필요가 있다. 이것이 별 거 아닌 것 같지만 한 가지 일에 초점을 맞춰 일을 할 수 있으므로 아주 중요하다.

필자는 간트 차트와 집중 몰입 시간을 통해 시간을 관리하다.

간트 차트는 많이들 써 보셨을 것이다. 목적과 시간의 두 요소를 그래프 형식으로 표현한 것으로써 Henry Gantt에 의해 고안되었다. 생산 공정의 관리에 많이 사용되었다고 전해지는 간트 차트는 계획과 통제 기능을 동시에 가지고 있기 때문에 계획한 내용을 효율적으로 관리할 수 있는 매우 효율적인 도구이다.

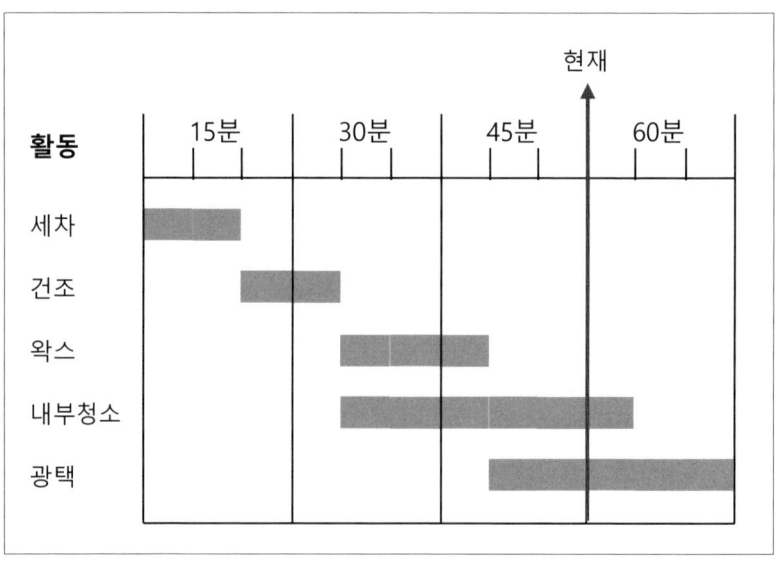

출처: 네이버 지식백과

집중할 수 있는 시간을 찾아라

하루 24시간이 항상 집중할 수 있는 시간으로 채워져 있지는 않다. 업무 시간을 통상 9시부터 저녁 6시까지라고 하면 본인의 업무 리듬이 극도로 좋을 때가 있을 것이다. 어떤 사람은 오전 9-12시인 경우도 있고, 어떤 사람은 오후 2-5시에 집중이 가장 잘된다고 하는 사람도 있다. 자신만의 집중 업무 시간을 파악하라. 그리고 그 시간에 몰입해서 일해라.

하루종일 책상에 붙어서 일한다고 업무 효율이 좋아지는 것은 아니다. 필자 같은 경우에도 하루종일 집중해서 하기 보다는 3시간 정도 몰입해서 일처리를 하는 경우가 많다. 집중 시간 중에는 누가 와도 아는 척 하지 않을 정도로 몰입해서 하기 때문에 일처리 속도가 빠르다. 집중 몰입 시간의 전후 시간은 집중하지 않아도 되는 잡무들을 처리한다.

시간의 중요성은 개인마다 틀리다. 특히 프로덕트 매니저는 시간을 쪼개가면서 일해야 한다. 한가할 때보다는 바쁠 때의 시간을 어떻게 관리할 것인지가 프로덕트 매니저로서의 역량을 발휘할 때이다. 시간에 쫓기는 프로덕트 매니저가 되지 말고 시간을 주도적으로 관리하고 활용하는 프로덕트 매니저가 되기 바란다.

4.7 다기능 팀을 효율적으로 관리하라(조직 관리 역량)

프로덕트 매니저의 역할에는 다기능 팀을 운영하는 역할이 포함되어 있다. 다기능 팀이란 무엇일까? 흔히 우리는 태스크 포스 팀이라는 말에 익숙한 것 같다. 어떤 목적을 위해 짧은 시간 동안 팀을 이루고 목적이 달성되면 팀을 해체하는 그러한 팀을 보통 태스크 포스 팀, 영어로 TFT(Task Force Team)라고 한다. 다기능 팀은 이러한 태스크 포스 팀과 비슷하다고 할 수 있다.

먼저 다기능 팀의 구성에 대해 알아보자. 아래의 도표를 보면 쉽게 이해할 수 있다.

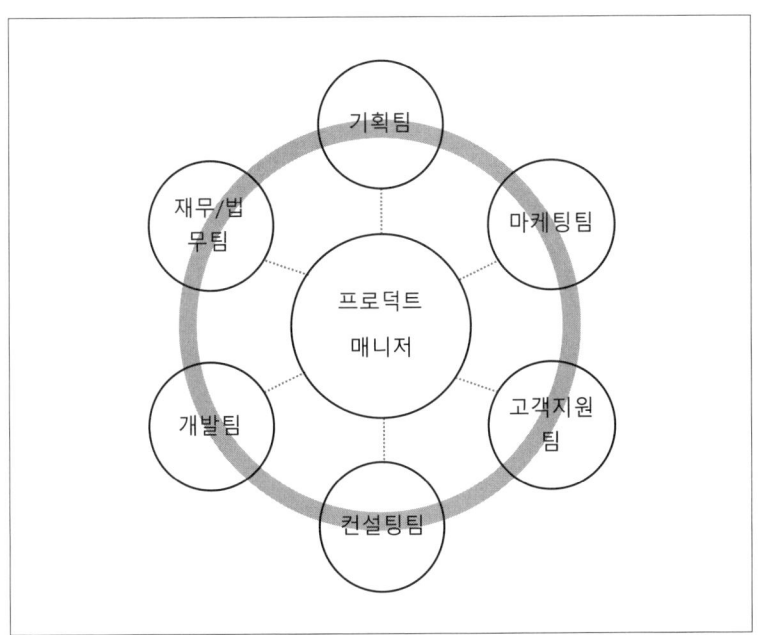

다기능 팀은 하나의 목적을 위해 프로덕트 매니저를 중심으로 만들어진 팀이라고 생각하면 이해하기가 쉽다. 예를 들어 사내에서 신규 솔루션을 런칭했다고 하자. 신제품 담당자인 프로덕트 매니저가 팀의 리더가 될 것이고 판매를 담당하는 영업, 제품을 홍보하기 위한 마케터가 필요하다. 또한 B2B의 경우 제품을 컨설팅하는 컨설턴트가 필요하며 기술 지원을 위한 엔지니어도 필요하다. 제품에 대한 공급을 책임지는 채널 담당자도 포함될 수 있다. 범위가 더 넓어지면 내부 회계 전문가도 필요할 수 있고 법적인 부분을 책임지는 담당자가 붙을 수도 있다. 이처럼 제품 판매의 목적을 위해 전문가들이 가상의 팀을 이루는 것을 다기능 팀(또는 TFT)이라고 할 수 있다.

이러한 다기능 팀을 효율적으로 운용하기 위해 프로덕트 매니저는 다음과 같은 사항에 유념해야 한다.

첫 번째, 다기능 팀의 전체 관리는 프로덕트 매니저를 중심으로 이루어져야 한다. 팀 내에서 나이순으로 리더를 정한다던지 어떤 하나의 파트에 속하도록 팀 구성이 이루어져서는 안된다.

두 번째, 멤버 간 책임과 의무를 명확히 해야 한다. 프로덕트 매니저는 해당 역할에 맞게 일을 배분해야 한다. 여러 부서의 인원들이 각자의 역할에서 해야 할 일을 제대로 해줘야 한다. 나 하나 정도야 괜찮겠지 하는 생각으로 다기능 팀이 운영되어서는 안된다. 각자의 책임과 역할에 맞게 제대로 된 일을 해야 성과가 확실히 난다. 팀원의 일을 취합하여 하나로 정리하는 것도 프로덕트 매니저가 해야 할 일이다.

세 번째, 목표와 계획을 확실히 세워야 한다. 팀에는 명확한 계획과 목표가 있어야 한다. 팀의 리더로서 프로덕트 매니저는 다기능 팀의 목표를 정의하고 그에 따른 계획을 수립해야 한다. 독립 팀이 아니므로 각자 본연의 일이 있다. 그래서 목표를 너무 거창하게 잡아서는 안된다. 작지만 하나의 목적에만 충실하는 것이 좋으며 그에 따른 상세 계획을 수립하여 정리하고 모든 팀원과 공유해야 한다. 그래야만 팀원 간의 목표 의식이 확실해지고 계획에 맞는 일 처리가 가능해진다.

다기능 팀을 이끄는 것은 하나의 작은 프로젝트라고 볼 수 있다. 프로덕트 매니저는 이러한 다기능 팀을 동시에 여러 개 운영할 수도 있다. 유능한 프로덕트 매니저는 다양한 부서의 일을 전체적으로 조망하는 능력을 가지고 있어야 한다.

하나의 브랜드에 여러 개의 제품군을 관리하는 프로덕트 매니저의 경우 여러 개의 다기능 팀을 운영해야 하는 경우도 있으므로 각 다기능 팀에 대한 일정 관리 및 보고에 있어서 혼선이 빚어지지 않도록 치밀하게 관리해야 한다. 다기능 팀의 내부 보고 체계라던지 팀의 운영 방식에 있어 실제 팀을 운영한다는 생각으로 임해야 한다. 다기능 팀을 성공으로 이끌 때야 말로 프로덕트 매니저의 역할이 빛날

때다. 다기능 팀을 성공으로 이끌고 이를 통해 제품의 성공을 이끌어내는 프로덕트 매니저가 되길 바란다.

5장 예비 프로덕트 매니저 및 초보 프로덕트 매니저를 위한 10가지 조언

5.1 그대, 열정의 화신이 되어라

5.2 자신의 제품에 대한 믿음이 있어야 한다

5.3 자신만의 영역을 발굴하라(차별화 데이터베이스를 구축하라)

5.4 정체성의 혼란을 극복하라

5.5 스스로 생각하고 먼저 저질러라

5.6 대내외 교육은 적극적으로 참가하라

5.7 테크니컬 마케터가 대세다

5.8 일관적인 경력 관리 정말 중요하다

5.9 전문 용어와 회화 패턴만 알아도 외국인과의 업무가 가능하다

5.10 책을 써서 자신을 브랜딩하라

5.1 그대, 열정의 화신이 되어라

프로덕트 매니저는 때로는 본인이 원하지 않는 제품을 담당하는 경우도 있다. 간혹 신규 제품을 기획하거나 그 제품을 맡고 있던 전임자가 퇴사하는 경우 혹은 직무 전환으로 영업이나 기술 부서로 가는 경우도 있다. 이런 경우 누군가는 그 제품을 매니징해야 하는데 프로덕트 매니저가 기존 제품을 동시에 관리하기도 한다.

솔직히 자기 제품도 관리하기 힘든데 타인이 관리하던 제품까지 맡게 되면 그 분야에 대해서 잘 모를 뿐 아니라 제품에 관련된 모든 부분도 직접 관리해야 하므로 버거운 것이 사실이다. 하지만 그렇다고 해서 넘겨받은 제품을 소홀히 하면 안 된다. 오히려 더 치열하게 그 제품에 대해 연구하고 기존 담당자가 하지 못했던 부분을 보완하고 다듬어서 더 나은 제품으로 만들어야 한다. 그러면서 자신이 몰랐던 새로운 기술을 습득할 수도 있고 새롭게 만나게 되는 소중한 인연이 하나 더 늘어날 수 있다. 단지 제품 하나가 아니라 그 제품에 속해 있는 모든 관계가 본인에게 연결되는 것이다. 이것은 아주 중요하다고 할 수 있다.

실제로도 최근에 나와 전혀 상관이 없을 거라고 생각했던 제품에 대한 기획을 수행했다. 그 쪽 분야의 용어도 기술도 잘 모르던 필자는 제품 기획 단계부터 막연함을 느꼈다. 도대체 어디서부터 제품을 이해해야 하는지가 소위 감이 잡히지 않았던 것이다. 하지만 그때부터가 프로덕트 매니저로서의 기획력이 발휘되는 순간이다.

일단 제품에 대한 기본 지식을 습득해야 했다. 시중에서 잘 나가는 책들을 먼저 수집한 다음 몇 번이고 읽었다. 사실 기획하는 단계에서는 해당 기술을 아주 디테일하게 익힐 수 없다. 몇 년 동안 업무를 해 온 사람도 있고 전문적인 기술을 수행하는 사람도 있는데 본인이 그 사람들을 뛰어넘을 수는 없는 노릇이다. 하지만 기획을 하는 입장에서는 제품에 대한 명확한 컨셉이 우선이므로 컨셉을 잡기 위해 기술 서적을 열심히 읽고 제품의 명확한 컨셉과 차별점을 도출하였다. 이를 바탕으로 기존 제품들과의 차별점을 제품에 최대한 적용하고 다시 수정하는 작업을 무려 5개월 가까이 수행하였다. 그 분야의 기술도 잘 모르던 초보자가 제품 벤더 공급자들과도 이야기할 수 있는 수준이 되었다. 이렇게 하면서 오늘도 또 다른 기술 하나를 습득했다는 사실에 뿌듯해 하기도 한다.

제품 기획이 끝났다고 해서 그냥 손을 놓으면 안된다. 프로덕트 매니저는 제품의 팬덤을 형성해야 한다. 즉 사내에서 해당 제품의 판매가 이루어지도록 소위 바람몰이를 해야 한다.

영업사원들이 그 제품을 가지고 어떻게 영업할 수 있으며 고객들에게 어떤 가치를 줄 수 있는지를 만들어 내야 한다. 가능하다면 사내 강의를 통해 제품에 대한 지식을 사내에 공유하는 것도 프로덕트 매니저가 해야 할 역할이며 이를 통해 제품에 대한 영향력을 넓힐 수 있다.

항상 현재 트렌드에 본인의 제품을 접목하라

제품은 영원불멸하지 않다. 똑같은 제품도 시대와 유행에 따라 용도가 바뀌는 경우가 상당수다. 그래서 프로덕트 매니저는 유행에 민감해야 한다. 항상 트렌드를 살펴볼 수 있는 본인만의 정보원을 반드시 확보하고 있어야 한다. 필자가 일하는 IT 분야의 경우 오프라인쪽은 IT 잡지가 있을 수 있겠다. IT 잡지는 1개월마다 수집할 수 있는 자료지만 기술적인 지식들이 잘 정리되어 있어서 새로운 지식을 공부할 수 있는 장점이 있다. 온라인은 정보의 보고이다. 너무 많은 정보가 있어서 어디에서 정보를 얻어야 할지 헤맬 수 있다. 온라인 사이트는 일단 유명한 IT 신문사를 기반으로 정보를 얻고 파워블로거나 평소에 잘 알고 있는 IT 전문가의 블로그가 있다면 수시로 열람하면서 정보를 얻으면 좋을 것이다. 또는 자주 가서 정보를 얻는 카페가 있다면 가입해서 정보를 얻을 수 있을 것이다.

정보를 수집할 때는 반드시 목적 의식이 명확해야 한다. 단순히 정보 수집만을 목적으로 하지 말고 어떤 분야의 어떤 내용을 집중적으로 수집할지 목적을 가지고 정보를 모아라. 그래야 인터넷 검색을 하면서 무한정 시간이 가는 것을 막을 수 있다.

프로덕트 매니저가 반드시 해야 할 일은 이러한 정보를 수집하면서 내 제품을 과연 여기에 어떻게 접목할 것인지, 고객에게 어떻게 제안할 수 있을 것인지를 생각해야 하며 이를 영업사원에게 어떻게 전달할 수 있을지를 고민해야 한다는 것이다.

제품 교육을 타인에게 맡기지 마라

프로덕트 매니저가 자주 실수하는 것이 있다. 프로덕트 매니저는 제품에 대한 기획이나 마케팅만 잘하면 된다고 하는 잘못된 생각이다. 앞에서도 설명했지만 프로덕트 매니저는 잣니의 제품에 대해 가장 잘 알고 있는 사람이 되어야 한다. 때로는 기술 엔지니어보다, 때로는 마케터보다, 때로는 컨설턴트보다 본인이 맡은 제품에 대해 속속들이 알고 있는 사람이 되어야 한다. 물론 현실적으로 어렵다. 쉬운 일은 아니다. 특히 B2B 산업은 제품 자체가 기술 오리엔티드된 것이 대부분이기 때문이다. 이를 극복하기 위해 본인 제품에 대한 사내 세미나를 정기적으로 개최하라. 세미나를 진행하면서 본인이 몰랐던 것을 보다 많이 습득할 수 있다. 사내 직원들에게 강의하기 위해 보다 많은 기술 자료를 보아야 하고 지식을 습득해야 한다. 한 회사에서 하나의 제품만 취급한다면 여러 명의 전문가가 있을 수 있으므로 교육을 진행하는 별도의 사람이 있을 수도 있다. 하지만 우리 회사 같이 여러 명의 프로덕트 매니저가 여러 개의 제품을 담당하는 경우 프로덕트 매니저 본인의 노력이 없다면 제품에 대한 지식이나 영향도가 다른 제품에 비해 떨어질 수 밖에 없을 것이다.

모든 사람에게는 자신의 일이 소중하다. 또한 저마다의 일을 하고 있다. 이런 상황에서 본인이 움직이지 않으면 먼저 움직여주지 않는다. 누가 먼저 와서 여러분의 제품에 대해 알려 달라고 얘기하지 않는다. 여러분의 제품에 대한 기회는 프로덕트 매니저 본인이 만들어야 한다. 그렇게 하려면 제품에 대해 지속적으로 공부하고 사내에서 제품 관련 교육을 지속적으로 실시해야 한다. 교육이 없으면 스스로 만들어서라도 자신의 제품을 적극적으로 알려야 한다. 본인이 담당하고 있는 제품의 핵심을 자신있게 설명할 수 없다면 프로덕트 매니저로서 실격이다.

프로젝트 매니저라면 적어도 본인 제품에 대해 하루종일이라도 강의할 수 있는 자료를 준비하고 있어야 한다. 그것이 기술적인 내용이든 전략 및 마케팅적인 내용이든 교육할 수 있는 잘 정리된 자료를 항상 준비해 두어라. 그리고 언제나 제품의 지식을 전달할 수 있는 사내 최고의 전문 강사로서의 역할을 꾸준히 수행하라. 제품의 사내 최고 전문가는 프로덕트 매니저라는 사실을 잊지마라.

5.2 자신의 제품에 대한 믿음이 있어야 한다

안팔린다고 주눅들지 말고 팔리는 시점까지 인내하라

프로덕트 매니저 일을 하다 보면 제일 힘든 일이 초조함을 견디는 것이다. 몇 개월 동안 열심히 제품에 대해 기획하고 제품화를 하여 런칭하였더니 시장에서 반응이 없는 경우다. 일반적으로 흔히 윗분들이나 회사에서는 제품이 나오고 영업 활동이 시작되면 곧바로 매출이 늘어날 것으로 생각한다. 하지만 B2B의 특성이나 필자의 경험상 이것은 어려운 일이다. B2B는 판매 프로세스가 길고 하나의 레퍼런스를 만드는 데 상당히 오랜 시간이 걸린다. B2C와 같이 일반 고객을 대상으로 하는 것이 아니기 때문에 새로운 제품이 나와서 고객에게 팔리기까지 최소 2-3년 정도의 시간이 걸린다. 이러한 긴 프로세스에 대해 그리 인내해 주지 않는다.

이럴 때일 수록 프로덕트 매니저는 누구보다도 침착해야 하고 인내해야 한다. 주위의 모든 사람이 실적을 가지고 재촉할 때야말로 프로덕트 매니저는 전략적인 마인드로 접근해야 한다. 이 제품의 첫 레퍼런스를 어떠한 방식으로 만들 것인가를 고민해야 한다. 특히 B2B 시장에서는 첫 레퍼런스가 아주 중요하다. 프로덕트 매니저는 제품을 런칭한 후 첫 레퍼런스를 만들기 위해 최선의 노력을 기울여야 한다. 그 시기에는 마케팅이던 영업이던 관계없이 자신이 알고 있는 관계망을 총 동원하여 첫 레퍼런스를 만드는 데 총력을 기울여야 한다.

이렇게 말하는 분들도 있다. "나는 영업도 아니고 프리세일즈도 아닌데 어떻게 레퍼런스를 만들어 내죠?" B2C와는 다르게 B2B 프로덕트 매니저는 기술이 중요하다고 언급했다. 이 부분에는 영업적인 스킬도 동시에 포함된다. 프로덕트 매니저는 기술, 마케팅 뿐만 아니라 프리세일즈 및 영업적인 차원에서도 지원할 수 있는 마인드를 가지고 있어야 한다.

'나는 기획만 했으니 여기서 끝'이라는 생각은 정말 곤란하다. 제품의 판매 활성화를 위해 프로덕트 매니저는 최선을 다해야 하며 거기에는 기획, 마케팅, 컨설팅, 영업까지 모두 포함된다. 이쯤되면 앞에서 언급한 대로 곡소리가 날 법도 하다. 이렇게 초반에 성공적으로 레퍼런스를 만들면 하나 둘 씩 다른 영업들도 관심을 가지게 되며 영업 전개에 힘이 실린다. 이러한 시간이 최소 짧게는 1년 길게는 5년 정도가 걸린다. 컨셉이 훌륭하고 시장에서 정말 전에 없는 독보적인 기능을 가진 제품이라면 1년 정도의 시간이 걸릴 수도 있지만 통상은 3-5년 정도 걸려야 시장에서 제품이 인식되고 영업들이 관심을 가지고 고객도 점점 늘어나게 된다. 그래서 B2B는 인내심과의 싸움이라고 해도 과언이 아니며 프로덕트 매니저는 제품의 활성화를 위해서 인내하고 제품이 시장에서 인정받을 때까지 기다릴줄 알아야 한다. 하지만 그런 시기가 오랫동안 지속된다면? 안타깝지만 아마 회사는 그 제품에 대한 판매를 포기하게 될 것이고 프로덕트 매니저의 고생은 수포로 돌아가게 될 것이다.

명심하자 '고생 끝에 낙이 온다'는 옛 속담은 하나도 틀린것이 없음을.

팀장은 나를 지지해 주는가?

프로덕트 매니저 일을 하면서 팀장의 신뢰를 얻는 것은 대단히 중요하다. 팀장이 든든한 후원자가 되어 주어야 한다. 그렇지 않다면 일을 하면서 상당히 힘들 것이다.

제품 하나만 관리하는 팀이 있고 필자처럼 하나의 제품을 관리하는 매니저가 여러명 있는 팀이 있다. 팀 하나에 여러 명의 독립된 프로덕트 매니저가 있다면 각 프로덕트 매니저가 맡은 제품의 전략이나 마케팅 방안이 서로 다를 수 밖에 없다. 또한 개개인의 관리 스타일 및 능력이 다르고 생각하는 바가 틀리기 때문에 프로덕트 매니저와 팀장과의 의견 차이는 당연히 있을 수 밖에 없고 각 제품에 대한 생각도 다를 수 있다. 이런 경우 인간이 살아가면서 제일 중요한 것 중에 하나가 인간 관계가 아니던가. 아무리 일을 잘하고 뛰어나더라도 팀장과 대립해서는 절대로 좋은 기획이 나올 수도 없으며 제대로 된 지원을 받을 수도 없다.

프로덕트 매니저는 팀장과의 좋은 관계를 위해서도 항상 노력해야 한다. 물론 팀장의 성격이 좋고 남의 이야기를 잘 들어주는 정말 좋은 사람이라면 괜찮겠으나 그렇지 않은 경우에는 새로운 기획이나 일을 진행시킬 때 갈등이 생길 수 밖에 없고 그렇게 되면 팀장이 적극적으로 나서주지 않는다. 그러한 상황에서는 어떤 노력을 해도 허사가 될 수 밖에 없다. 이를 미연에 방지하기 위해서는 평소에 팀장과의 공감대를 잘 형성해야 하고, 무엇보다 내 제품에 대한 전략을 확실하게 보여주는 것이 좋다. 또한 앞에서 언급했던 것처럼 팀장도 내 제품에 대한 팬으로 끌어들일 수 있도록 평소에 정성을 들여야 한다. 물론 회사는 실적이고 결과로 보여주어야 하겠지만 팀장을 내 편으로 끌어들인다면 당장의 실적보다는 제품에 대한 가능성을 믿어줄 것이고 확실한 보호막이 되어줄 것이다. 평소에 성실하다는 이야기를 많이 듣는다면 팀장의 눈에 들 수 있도록 성실한 면모를 보여주는 것도 좋은 방법이다.

상사의 상사까지 설득하라

위에서 언급한 팀장과의 관계에서 이어지는 이야기이지만 본인의 제품에 대한 전략이나 마케팅 방안에 대해 최소한 두 단계 위의 상사에게 설득할 수 있는 자신감이 있어야 한다. 여기서 자신감이라고 하는 것은 시장 동향이나 고객의 트렌드 및 예상 매출까지의 데이터를 보여줄 수 있느냐는 것이다. 그렇게 하기 위해서는 시장 데이터를 많이 수집해야 하며 간략하게 보고하는 요령도 배워두어야 할 것이다. 기술 엔지니어가 프로덕트 매니저로 오게 되면 제일 힘들어하는 부분이 바로 보고서를 작성하는 것이다. 보고서란 단순하지 않다. 통상 보고서를 작성할 경우에는 내 바로 위의 상사가 아닌 상사의 상사까지 보여줄 수 있는 데이터를 가지고 작성해야 한다. 그 단계에서 해야 하는 것이 바로 요약하는 능력이다.

1 page 보고서라는 이야기를 들어본적 있는가? 현재 모든 상황에 대한 부분을 1 page의 보고서 양식에 최대한 핵심적인 내용으로 압축하여 작성하는 것이다. 팀장같이 1차 보고자의 경우에는 내 제품에 대한 히스토리 및 그간의 내용을 잘 알고 있기 때문에 보고서가 약간 길어져도 상관이 없다. 하지만 그 윗 상사에게까지 보고가 되면 상황이 달라진다.

그 위의 상사는 내용을 자세히 알지도 못한다. 그렇다고 장황하게 보고를 받을 시간도 없다. 본부장이나 상무급이 되면 장황한 설명을 듣고 있을 시간이 없다. 그 분들은 시간이 곧 비용이다. 이런 분들 앞에서 그간의 모든 스토리를 설명할 수도 없고 잘 들으려고 하지도 않는다. 보통 돌아오는 얘기는 '핵심만 얘기하라'는 말이다. 그래서 보통 본부장급들과 이야기를 하려면 1장에 모든 내용을 알 수 있는 축약된 형태의 1 page 보고서를 항상 작성해야 한다. 해 보시면 알겠지만 사회 초년생의 경우 말이 쉽지 1 page에 그간의 스토리를 녹여내는 작업이 절대 쉽지 않다. 10년 이상의 고참들도 1 page 보고를 작성하는 데 상당한 애를 먹는다.

이것은 평소에 요약 보고서를 열심히 작성해 보고 선배들이나 팀장에게 지도를 받는 수 밖에 별다른 방법이 없다. 물론 책을 통해서도 익힐 수 있지만 실제 업무에서 사용하다 보면 본인이 현재 처해 있는 상황에 대해 요약 보고서를 쓴다는 것이 그리 쉽지 않기 때문에 이것은 실제 경험에서 배우는 것이 제일 좋다.

필자가 사원일 때는 보고서에 온통 빨간펜 줄 투성이였다. 도대체 제대로 남아있는 문장이 없을 정도로 빨간 줄이 가득하고 온통 수정사항 뿐이었다. 한 6개월 연습하니 팀장이 원하는 보고서가 그럭저럭 작성되었다. 하나의 보고서 작성 시 10번 정도는 수정을 거듭했던 것 같다. 지금은 그때 그런 트레이닝을 시켜준 팀장이 너무 고맙다. 물론 아직도 많이 허술하지만 그런 훈련이 지금도 보고서나 요약서를 쓰는 데 정말 많은 도움이 되고 있다.

5.3 자신만의 영역을 발굴하라(차별화 데이터베이스를 구축하라)

본인이 남보다 잘하는 게 하나라도 있으면 그것이 차별화다

차별화는 거창한 것이 아니다. 뭔가 차별화라고 하면 특별한 것으로 승부해야 한다고 생각하는데 그것은 아닌 것 같다. 무엇이 차별화일까? 필자는 그것을 습관의 차이라고 생각한다. 필자는 직장인으로 15년 이상을 근무했다. 아웃라이어라는 용어를 들어 보았을 것이다. 한동안 이 아웃라이어라는 말이 인기를 상당히 많이 끌었다. 말콤 그래드웰이라는 저자가 쓴 이 책에서는 1만 시간의 노력을 하다보면 자연스럽게 그 분야에서 최고가 될 수 있다는 이야기를 담고 있다. 그런데 이 저자가 이야기하는 1만 시간을 꾸준히 한다고 하면 최고의 전문가라는 것이 될 수 있을까? 무엇으로? 어떻게? 그냥 1만 시간만 있으면 최고의 전문가가 되는 것일까? 만약 우리가 하루에 3시간의 시간을 특정 분야에 쏟는다면 10년이라는 시간이 지나면 1만 시간 정도의 시간이 흐른다. 우리가 하루에 깨어나서 자기 전까지 개인적으로 낼 수 있는 시간이 10시간 정도라고 한다면 적어도 3시간은 한 분야에만 집중해야 한다는 의미이다.

당신은 과연 그렇게 하고 있는가? 그렇게 하고 있다면 정말 박수를 보낼 일이다. 그렇지 않다면? 지금부터 당장 본인의 하루 일과를 살펴보아야 할 것이다. 사실 말이 쉽지 1만 시간을 쏟아붓는 일이 가능할까라는 의문도 든다. 그 책의 저자가 소개한 MS의 빌 게이츠나 애플의 스티브 잡스는 책에서 언급한 대로라면 그 시대의 환경과 조건이 맞아 떨어져서 그렇게 된 것일 뿐이다. 물론 본인의 엄청난 노력도 들어가 있을 것이다. 스티브 잡스 같은 사람은 한 가지에 몰두하면 다른 것에는 신경쓰지 않은 본인만의 아집이 있었던 것 같다. 그렇기에 모든 사람들이 아니라고 할 때 독창적인 제품들을 만들어 냈으리라. 아무튼 1만 시간이라는 상징적인 시간이 아니더라도 성공한 사람들의 일면에는 한 가지에 대한 집요한 열정을 엿볼 수 있다. 그 열정이 오늘날의 그들을 만들었을 것이다.

그렇다면 지금의 우리는? 당신은 하루에 3시간 이상을 하나에만 집중하면서 살고 있는가? 치열하게 그 분야에 대해 자기계발을 하고 있는가? 3시간이 분명 적은 시간은 아니다. 학생이라면 공부도 해야 하고 사회 초년생일 경우 이제 갓 회사에 취업해서 해야 할 일들이 엄청나게 많다. 퇴근하면 또 어떤가? 요즘은 예전처럼 야근이다 뭐다 하는 것에 얽매이는 신입사원은 별로 없는 듯 하다. 모두 삶의 질 운운하면서 서로의 여가 시간에 개입하지 않는 편이다. 여가 시간에 스트레스를 푸는 사람도 있고 동호회 같은 활동을 하면서 지낼 것이다.

성공하고 싶은가? 남보다 더 많은 것을 누리고 살고 싶은가? 그렇다면 현재 자신이 서 있는 위치를 정확하게 다시 볼 필요가 있다. 나는 무엇을 잘하는 사람인가? 나는 현재 어떤 일을 하고 있는가? 이 일에 하루 3시간 씩 10년 정도 투자하면 나는 이 분야에서 최고의 전문가가 될 수 있는 것인가? 필자도 사회 초년생일 때는 그런 것을 크게 생각해 보지 못했다. 물론 지금은 시대가 바뀌어서인지 그런 것들에 대해 고민하는 사람들이 많아진 것 같다. 하지만 아직도 여전히 그러지 못하는 사람들이 많을 것이다. 특히 날로 치열해지는 세상 속에서 본인을 어떻게 드러낼 것인가. 아니 작게는 다니고 있는 회사에서부터 자신이 담당하는 제품의 시장에서 자신의 존재를 어떻게 드러낼 것인가는 무척 중요하다. 이러한 부분을 누가 대신 고민해 줄 수 있을까? 주위의 선배가? 직장 상사가? 그러한 고민은 누군가 대신해 주는 것이 아니다. 이것은 오롯이 본인의 몫이다.

당장 오늘부터 펜을 들고 고민해 보라. 흔히 자기 계발서에서는 5년, 10년, 15년 주기로 본인이 되고자 하는 미래의 모습을 가지고 로드맵을 그려보라고 조언한다. 5년, 10년, 15년이 지나면 나는 자동적으로 전문가가 되어 있을까? 아니면 그냥 회사에서 나이만 먹고 직급만 높아진 사람이 될까. 그렇게 살기 싫다면 당장 본인만의 무기를 만들어라. 본인만의 무기. 본인만이 가진 필살기. 다른 사람은 가지고 있지 않은 본인만의 필살기가 무엇인지 지금부터 고민하라. 아이디어를 잘 내는가? 성격이 좋아서 사람들과의 커뮤니케이션에 능한가? 기획력이 좋은가? 기술에 일가견이 있는가? 여러분이 가고자 하는 직군은 어떤 직군인가? 그 직군에서 본인은 시장에서 알아주는 전문가가 될 수 있을 것인가?

나중에 고민하면 이미 늦다. 학생이거나 사회 초년생일 때부터 이러한 부분을 고민하고 향후 10년을 준비한다면 당신은 충분히 1만 시간을 채우는 아웃라이어가 될 것이고 그 분야의 전문가가 되어 있을 것이다.

거창하게 생각하지 말고 다음과 같은 부분을 참고하여 본인만의 차별화된 무기를 준비하라.

1. 내가 평소에 주위로부터 잘한다고 칭찬받는 것은 무엇인가?
2. 현재 내가 속한 시장에서 어떤 것을 잘하면 향후 전문가가 되는가?
3. 닮고 싶은 롤 모델이 있는가? 그 사람은 어떤 것에 특화되어 있는가?
4. 내가 생각하는 전문가가 되기 위해 어떤 노력을 하고 있는가?
5. 나는 치열하게 성공하고 싶은 사람인가? 안정을 누리고 싶은 사람인가?

약점은 강점으로 덮어라

예전 자기 계발서에는 현재의 약점이 있다면 보완하라는 경향이 강했다. 하지만 요즘은 조금 틀린 것 같다. 항상 날이 잘 서 있는 칼처럼 본인의 강점을 극대화하라는 것이 요즘의 자기 계발 추세이다. 자신을 차별화하기 위해서는 적어도 다른 사람보다 한 가지에서는 탁월한 강점이 존재해야 한다. 그래야 그것을 바탕으로 본인이 전문가로 평가받을 수 있다. 퍼스널 브랜드라고 이야기하는 것들은 모두 본인의 강점을 극대화함으로써 구축할 수 있는 것이다. 사람은 완벽하지 않기 때문에 약점이 있을 수 밖에 없다. 하지만 수많은 약점을 극복하려고 하면 끝이 없다. 사람은 나약하게 생각하는 부분이 많기 때문에 평소에 자신감이 없어 하는 분야나 행동이 많이 있을 수 밖에 없다. 그 약점들을 보완하려고 하면 끝이 없을 수 있다.

그렇기에 강점에 집중하라고 하는 것이다. 적어도 내 분야에서는 다른 사람에게 밀리지 않는 독자적인 영역을 구축하라. 만약 없다면? 지금부터라도 만들어라. 자신이 하고 싶고, 하고 있는 영역의 지식의 데이터베이스를 지금부터라도 구축하라. 다른 어느 누가 와도 나를 대체할 수 없도록 본인이 가진 컨텐츠를 따라하지 못하도록 준비하라. 내일이면 늦다. 오늘부터 당장 본인만의 강점과 자신만의 경쟁력 있는 컨텐츠를 갖추어라.

5.4 정체성의 혼란을 극복하라

프로덕트 매니저 일을 하다 보면 도대체 본인이 하고 있는 일이 무엇인지 혼란스러울 때가 많다. 온전한 마케터도 아니고 더 이상 기술 엔지니어도 아니다. 특히 B2B 쪽의 프로덕트 매니저는 엔지니어 계통이 프로덕트 매니저를 하는 경우가 많기 때문에 더욱 더 그런 느낌이 많이 드는 것 같다. 기술 영업 계통인 Pre-Sales의 경우에는 영업과 함께 제품에 대한 제안서를 작성하고 고객에게 제품 소개를 하는 어떻게 보면 명확한 업무를 맡는 반면 프로덕트 매니저로 넘어오면 전략 기획이나 제품 마케팅 같은 부서에서 일하게 된다. 이때부터는 엔지니어가 아니라 기획 및 마케팅 쪽에 좀 더 가까운 포지션이 되는 것이다.

커리어로 보면 전직이라고 봐도 무방하다. 이 때문에 엔지니어 생활을 하던 분들은 적응하기가 힘든 경우가 많다. 생전 쓰지 않던 기획서를 써야 하고 마케팅 전략과 관련해서 만들어야 하는 문서들은 어찌 그리 많은지 정신을 차릴 수가 없다. 특히 B2B의 경우 B2C와는 달리 기획 및 마케팅에 의존하기보다는 영업에 의존하는 경향이 크다. 이런 상황 때문에 프로덕트 매니저가 하는 일 자체가 영업이나 기타 부서에 크게 의미있게 다가가지 않을 수도 있다. 심지어 무슨 일을 하는 부서인지 자신에게 어떤 도움이 되는지 불평을 늘어놓는 분들도 있다.

어떤 경우에는 제안서를 담당하는 컨설턴트가 있음에도 불구하고 제안서를 작성해 달라는 요구를 당연하다는 듯이 해 와서 약간은 당황스러웠던 적이 있다. 심지어 제품에 대한 금액까지 알려달라고 요청하는 분들도 있다. 프로덕트 매니저는 본의 아니게 가격에 대한 부분까지 결정해야 하지만 가격을 결정하고 판매하는 것은 어디까지나 영업의 소임이다. 프로덕트 매니저는 시장 조사 및 상황에 대한 가이드까지만 해주기 때문에 가격을 결정하는 일은 영업과 상의하여 전략적으로 결정한 후 최종적으로 영업이 하게 하는 것이 올바른 프로세스라고 하겠다. 하지만 항상 문제가 되는 것은 정중하게 거절하는 방법을 알아야 한다는 점이다. 자기 일이 아니기 때문에 할 수 없다는 간단한 대답만으로 대응해 버리면 나중에 그것이 부메랑이 되어 자신에게 돌아올 경우가 생긴다.

가령 다음과 같이 응대할 경우다.

영업: 안녕하세요, A영업 팀의 홍길동입니다. C제품 담당이시죠? 이번에 고객에게 제안이 들어가는데 C제품에 대한 제안서를 작성해야 합니다. 우리 쪽 컨설턴트가 다른 쪽 제안서 작성한다고 바빠서 제안서를 작성할 시간이 없네요. 그 쪽 팀에서 제안서도 작성해 주시는거죠?'

프로덕트 매니저: 아. 죄송합니다. 저희는 제안서를 쓰는 팀이 아닙니다. 팀 내에서 알아서 해결해주세요. (통화 끝)

어떤가? 물론 내 업무의 R&R(Role & Responsibility)을 보면 분명히 제안서를 쓰는 팀은 아니다. 하지만 팀이 만들어진 과도기적인 상황에서는 위와 같은 요구가 올 수도 있다. 예를 들어 제안서였지만 기타의 경우에도 위와 같은 상황이 발생할 수 있다. 심지어 위와 같은 경우로 영업 팀과 사소한 분쟁이 일어날 때도 있다. 이런 경우 참 난감해진다. 내가 하는 업무에 대한 이해를 시켜야 함에도 위와 같이 대화가 종료되면 영업은 프로덕트 매니저가 도와주지 않아서 일을 진행할 수 없었다고 이해하고 상사에게 보고해 버리는 상황이 된다. 이런 경우가 팀 결성 초반에는 아주 빈번했다.

이럴 때 필요한 것이 거절의 기술이다. 다음과 같이 응대하면 어떨까?

영업: 안녕하세요, A영업 팀의 홍길동입니다. C제품 담당이시죠? 이번에 고객에게 제안이 들어가는데 C제품에 대한 제안서를 작성해야 합니다. 우리 쪽 컨설턴트가 다른 쪽 제안서 작성한다고 바빠서 제안서를 작성할 시간이 없네요. 그 쪽 팀에서 제안서도 작성해 주시는거죠?

프로덕트 매니저: 아. 제안서 때문에 연락주셨군요. 저희 팀이 현재 프로덕트 매니저 팀인 건 알고 계시죠? 저희 팀이 제품 전략 및 마케팅 전략을 담당하기 때문에 제안서 부분은 저희 팀에서 작성해 드리기가 무척 힘듭니다. 제품 소개서 및 제안서는 기존에 컨설팅 팀 쪽에 모두 전달해 드렸으니 컨설팅 팀장님께 연락드리면 적정 인원을 배정 받으실 수 있을 것입니다. 아니면 제가 가서 컨설팅 팀장님께 말씀드리고 다시 전화 드리겠습니다.

영업사원 : 네 그게 좋겠네요. 연락주세요. (통화 끝)

어떤가? 내 일이 아니라고 딱 잘라서 끊어버리는 것이 아니라 '현재 나는 이런 일들을 하고 있으며 이 일을 하기 위해서는 현재 요청하신 부분을 수행하기는 힘들 것 같다. 하지만 그 일을 위해 내가 할 수 있는 일을 해주겠다.'라는 형식이다. 내가 담당하는 제품을 제안하겠다고 하는데 딱 잘라서 내 Role이 아니라고 할 수는 없지 않겠는가? 이런 경우 영업 혼자서 일을 처리하게 두지 말고 중간에서 적절히 대응안을 제시하는 것도 방안이라고 할 수 있겠다. 이것도 커뮤니케이션의 문제다. 이런 일들이 하루에도 몇 건씩 발생하는데 이런 민감한 사항에 잘 대응해야 프로덕트 매니저로서의 가치가 올라간다.

5.5 스스로 생각하고 먼저 저질러라

프로덕트 매니저의 역할에 따라 시장에서 제품이 뜰 수도 있고 사장될 수도 있다. 통상 제품의 전략 이행 방법에는 top-down과 bottom-up, 두 가지 방식이 있다.

top-down 방식은 제품의 전략이 위에서 내려오는 경우다. 이런 경우 위에서 내려주는 전략에 따라 프로덕트 매니저는 제품의 판매 전략을 수립하고 전개하면 된다. 이는 프로덕트 매니저의 자유도를 없애는 요소가 될 수도 있다. 한마디로 수동적인 전략이 나올 수도 있다는 말이다. 그렇다면 위에서 내려오는 전략은 누가 만드는가? 회사 내에 전략 기획팀이 있다면 통상 그 팀에서 회사의 전략을 수립하여 프로덕트 매니저에게 전달할 것이다. 프로덕트 매니저는 큰 틀에서의 전략에 맞춰 진행시키고 마케팅 전략 및 판매 전략을 수립하면 된다. 하지만 수동적인 액션이 되기 쉽고 제품의 영역을 한정시킬 수 있는 위험성이 존재한다. 또한 창의적인 발상 없이 시키는 대로만 하는 경우가 생길 수 있다. 외국계 제품의 경우 보통 전략적인 부분이 결정되어 있는 경우가 많다.

bottom-up은 온전히 프로덕트 매니저의 역량에 따라 제품의 전략이 결정되는 경우다. 이런 경우 프로덕트 매니저가 프로덕트에 대한 전체적인 전략 방향, 마케팅 방향, 판매 방향을 결정하기 때문에 책임도 커지고 할 일도 많아진다.

경험이 많지 않은 프로덕트 매니저의 경우 top-down의 전략 전달을 선호할 수도 있다. 솔직히 말하자면 본인이 많은 고민을 하지 않고 전략적인 방향에 대한 부분을 따라가기만 하면 되고 혹시 제품 판매가 좋지 않더라도 향후에 전략에 대한 부분은 면피할 수 있다. 하지만 그것이 과연 정말 옳은 것인지는 곰곰이 생각해 보아야 한다. 프로덕트 매니저는 도전을 즐겨야 하며 새로운 제품의 기획에 주저함이 없어야 한다. 그저 누가 제공한 전략이나 마케팅 방향만 의지해서는 시장에서 제품이 히트할 수 없다. 그래서 프로덕트 매니저는 가능한 본인이 모든 부분을 핸들링할 수 있도록 제품에 대한 기획부터 마케팅 및 판매 전략까지 스스로 수립해 보는 것이 좋다.

필자는 bottom-up 방식을 선호하는 편이다. 누군가의 전략에 의해서만 제품의 방향을 정해야 한다면 스스로 할 수 있는 일이 없으며 스스로 기획할 때보다 많은 아이디어도 그 안에서 만들어지기 때문이다. 또한 새로운 아이디어를 접목할 때도 자신이 스스로 기획한 제품이라면 타인에게 휘둘리지 않고 본인이 할 수 있는 모든 전략을 테스트해 볼 수 있기 때문이다. 기획하는 그 순간만큼은 힘들지만 그 제품이 시장에서 인정받을 때 프로덕트 매니저로서 뿌듯함을 느낄 것이고 자신의 커리어가 시장에서 더 인정받는 효과를 누릴 수 있다.

아이디어를 관리하라

아이디어는 어디서든 갑자기 생겨난다. 그 때의 순간을 기록해 두지 않으면 제품에 접목할 수 있는 기발한 아이디어가 찰나에 사라질 수도 있다. 그래서 프로덕트 매니저는 이러한 준비를 항상 하고 있어야 한다. 필자는 프로덕트 매니저가 된 이후부터 펜이 달린 메모가 가능한 스마트폰으로 바꾸었다. 언제 어디서나 종이가 없어도 메모가 가능하기 때문에 편리하다.

"메모는 잊어버리기 위해 쓰는 것이다"라는 유명한 말처럼 사람은 생각이 난 후에 기억을 하지 못한다. 특히 찰나에 생겨나는 아이디어들은 잠깐 동안은 기억이 날지 몰라도 다른 일을 하다 보면 순식간에 잊혀져 버리기 때문에 최대한 내 몸에서 가장 빠르게 메모할 수 있는 도구를 찾아 기록해 두는 것이 중요하다. 실제로 필자도 기록을 할 수 없는 상황에서 제품에 접목할 수 있는 좋은 아이디어가 생겨났음에도 불구하고 메모를 해 두지 않아서 날린 아이디어가 많다. 그 때마다 메모를 해 두지 않은 나 자신을 질책하기도 한다.

요즘은 많은 도구들이 생겨나서 우리의 스마트워크를 돕고 있다. 특히 원노트나 에버노트 같은 메모 앱은 현 시대에서 가장 은혜로운 도구라고 할 수 있겠다. 이러한 앱은 메모를 클라우드 저장 공간에 자동으로 저장하기 때문에 스마트폰의 용량 제한 없이 메모한 내용을 클라우드에 보관하고 꺼내 볼 수 있다.

특히 필자는 원노트를 애용하는 편이다. 원노트에서 작성한 내용을 스마트폰에서 동기화하여 아무 때나 확인하고 편집 가능한 시스템을 구축해 두었다. 원노트는 주제별로 전자책을 만들고 각 섹션에 항목을 단계별로 만들수 있기 때문에 아이디어를 관리하는 데 상당히 편리하다. 혹시 써 보지 않으신 분들이 있다면 이 기회에 원노트를 한번 써 볼 것을 강력히 추천한다. 필자도 이전까지는 사용하지 않았었는데 한번 익숙해지고 나니 이처럼 편한 도구가 없다. 에버노트를 이용하시는 분들은 에버노트도 적극적으로 활용하기 바란다. 사용에 어려움이 느껴지면 시중에 원노트나 애버노트에 대한 책도 나와 있으니 구입해서 익혀보는 것도 좋겠다.

일단 저질러라 시작이 반이다!

일단 아이디어가 떠오르고 정리가 되면 재빠르게 약식 기획서를 써라. 시간이 지나가 버리면 일에 치이고 나태해지기 때문에 제대로 된 제품 기획을 할 수 없다. B2B 제품의 생명주기가 길다고 하지만 하나의 제품 안에서도 새로운 아이디어를 통해 다양한 용도 변경이 가능하기에 신규 시장 진입을 노려볼 수도 있다. 제품 출시 후에 그 제품이 하나의 목적만을 위해 판매한다고 생각하지 마라. 제품의 용도는 트렌드에 따라 언제든지 바뀔 수도 있고 시장 경쟁 제품에 따라 바뀔 수도 있다. 그럴 때 당신의 아이디어를 제품에 접목시켜 새로운 제품 혹은 새로운 용도로 재탄생시켜라. 이렇게 하기 위해서 평소에 아이디어를 많이 모아야 하고 다양하게 접목할 수 있는 시각을 길러야 한다.

그리고 그런 내용이 떠오르면 먼저 기획하고 팀장에게 제출하라. 팀장이 관심을 보인다면 그 때부터는 뒤돌아보지 말고 가능한 짧은 시간에 마무리하여 제품에 적용해야 한다. 기획 및 마케팅 적용 기간이 길어지면 최종 적용이 흐지부지 되는 경우가 많기 때문에 필자 같은 경우에는 최대 1개월을 넘지 않는 선에서 제품 기획을 끝낸다. 제품 기획 통과 이후에도 해야 할 일들이 산더미처럼 많기 때문에 가급적 빠르게 끝내기를 권장하는 바이다. 제품 기획이 통과되면 그 이후에는 다시 시장 분석 및 전략을 도출하고 제품화 및 마케팅을 위해 노력해야 한다.

5.6 대내외 교육은 적극적으로 참가하라

배움에는 끝이 없다. 특히 프로덕트 매니저의 직무를 맡고 있는 사람은 더더욱 그렇다.

새로운 제품이 끊임없이 출시되고 있으며 트렌드는 계속 바뀌기 때문에 시장의 흐름에 항상 촉각을 곤두세워야 한다. 그 속에서 본인만의 경쟁력을 계속 유지하려면 꾸준히 공부하는 수밖에 없다. 그렇게 하려면 어떻게 해야 할까? 그것은 바로 꾸준한 교육이다. 특히 새로운 제품을 준비한다면 그 제품에 대한 기반 지식은 필수다. 새로운 지식은 혼자 공부만 한다고 해서 습득할 수 있는 것은 아니다. 본인에게 부족한 지식은 사내외 교육을 통해 지속적으로 습득해야 한다.

지식 습득 방법에는 다음과 같이 세 가지가 있다.

첫 번째는 혼자 독학하는 방법이다. 서점에서 관련된 서적을 사서 공부하는 방법이다. 하지만 크게 추천하고 싶지는 않다. 새로운 지식을 혼자서 습득하는 것은 쉬운 일이 아니기 때문이다. 혼자 공부하다 막힐 때 사내에 전문가가 있거나 혹시 그 분야를 알고 있는 지인이 있다면 개인적으로 물어서라도 막힌 부분을 풀 수 있겠지만 시간이 많이 걸리는 방법이다.

두 번째는 사외 교육이나 세미나를 통해 지식을 습득하는 방법이다. 신문이나 인터넷을 통해 세미나 정보를 수집하라. 무료 세미나부터 유료 세미나까지 다양한 세미나가 월별로 개최된다. 세미나 개최 정보는 각 분야의 유명 단체나 혹은 벤더에서 주로 실시하기 때문에 해당 조직의 사이트를 모니터링하고 있다가 신청해서 가면 되겠다.

세 번째는 해당 제품의 벤더를 통해 교육을 수강하는 방법이다. 제품을 생산하는 벤더에서 자체적으로 제품 교육을 정기적으로 실시한다. 필자 같은 경우에도 1년에 두 번 정도는 새롭게 출시되는 제품에 대해 해외에서 교육을 받는다. 교육이 오픈되면 해당 정보가 벤더로부터 전달되기 때문에 기획하는 제품에 도움이 된다면 참석한다.

교육은 가만히 있는다고 보내주지 않는다. 새로운 제품을 기획한다면 먼저 지원하라. 기회는 먼저 쟁취하는 자의 것이다. 가만히 기다리고만 있는 사람에게는 기회가 주어지지 않는다. 프로덕트 매니저라도 가만히 앉아만 있으면 교육을 제공해 주지 않는다. 제품에 대한 교육 기회를 적극적으로 요청하고 그 교육을 갔다 옴으로써 생기는 효과를 충분히 이해시키면 교육 기회를 얻을 수 있을 것이다.

교육 후에 전달 교육은 반드시 실시하라

프로덕트 매니저로서 의무적인 사항으로써 교육 이후 특히 외부 교육 실시 이후에는 반드시 전달 교육을 실시하는 것이 좋다. 왜 전달 교육을 실시해야 하는지가 궁금한가?

그 이유는 다음과 같다.

1. 새롭게 얻은 지식을 내 것으로 만들기 위해
2. 사내 전문가 및 강사라는 사실을 인식시키기 위해

보통, 교육 중에는 열심히 듣는다. 회사에서 공식적으로 보내준 일정이고 하루 종일 회사를 벗어나서 새로운 지식을 습득한다는 생각에 열심히 듣는다. 하지만 그 날 뿐이다. 다음 날이 되면 업무에 치여서 자료를 정리할 여유가 없어진다. 힘들게 배운 지식이지만 이럴 경우 금방 내 지식으로 전환되지 않는다. 그냥 하루 정도 외부에서 교육을 들었다는 것 정도 이외에 어떤 것도 남지 않는다. 하지만 전 날 들었던 세미나 내용을 보고서 형식으로 정리해 보라.

쉽진 않겠지만 교육받은 내용을 보고서 형식으로 남긴다면 배운 지식을 정리하게 될 것이고 내부에 교육할 수 있는 형태의 교안이 자연스럽게 만들어진다. 또한 그것을 토대로 새로 추진하는 기획에 사용할 수 있으므로 일석이조가 된다. 추후 상사가 자료를 요청할 때도 요긴하게 사용할 수 있다. 누가 시켜서 하는 일이 아닌 나를 위해 반드시 정리해 두도록 하자.

또한 세미나를 통해 익힌 지식을 사내에 아는 사람이 별로 없는 경우에는 더더욱 전달 교육을 실시해야 한다. 전달 교육을 통해 새로운 지식을 사내에 전파하는 순간 여러분은 사내의 유일한 전문가가 되기 때문이다. 많은 사람들이 그 분야에 익숙해진 여러분에게 더 많은 것을 질문할 것이고 여러분은 그 분야에 대해 사내의 유일한 전문가가 되기 때문에 사내에서 전문성을 넓혀갈 수 있고 사내 강사로서의 역할을 수행할 수도 있게 된다. 말이 쉬울 수 있으나 이것을 하기 위해서는 부지런해야 한다. 주어진 업무를 수행하면서 혼자 주도적으로 세미나 요약 및 전달 교육을 수행한다는 것이 결코 쉬운 일이 아니기 때문이다.

누군가의 지시로 수행해야 한다면 고역이 되겠지만 본인의 지식이나 브랜드를 키우는다는 의미에서 한다면 즐거운 마음으로 행할 수 있다. 만약 새롭게 배운 분야를 전문 분야로 키울 생각이라면 정리한 자료를 블로그나 페이스북에 올리는 것도 본인의 브랜드 가치를 키우는 데 도움이 될 것이다.

5.7 테크니컬 마케터가 대세다

마케터는 프로덕트 매니저가 될 수 없지만 프로덕트 매니저는 마케터가 되어야 한다. 프로덕트 매니저가 별도로 있는 회사에는 보통 마케팅 팀도 따로 존재한다. 프로덕트 매니저가 모든 마케팅 활동을 하는 것은 아니기 때문이다. 마케팅과 프로덕트 매니저가 분리되어 있는 회사에서 마케팅 팀은 주로 IMC(마케팅 커뮤니케이션)를 담당한다. 마케팅 팀은 기술 위주의 팀이 아니기 때문에 B2B와 같은 전문 기술이 필요한 영역에서의 마케팅은 터치하는 영역이 약간 틀리다. 그렇다면 이 경우 프로덕트 매니저는 마케팅에 대한 부분을 모두 마케팅 팀에 일임하면 되는가? 결코 그렇지 않다. 프로덕트 매니저는 모든 마케팅 프로세스에 관여해야 한다. 심지어 가능하다면 IMC 관련 부분에도 관여해야 한다.

물론 서로의 영역이 틀리기 때문에 마케터의 일을 존중해 주어야 한다. 하지만 프로덕트 매니저 일을 수행하다 보면 제품의 기술적인 부분에서의 마케팅이 분명히 필요하다. 마케터들이 기술적인 부분까지 모두 알 수는 없다. 이런 경우 프로덕트 매니저는 마케터에게 제품의 기술적인 요소들을 이해시켜야 하며 이러한 부분에 있어 마케팅에 제품의 기술이 충분히 홍보될 수 있도록 마케터들과 미리 논의해야 한다.

그러기 위해 프로덕트 매니저는 마케팅에 대한 전문 지식을 익혀야 하며 어느 부분에서는 마케터들보다 더 많은 지식을 가지고 있어야 한다. 가령 마케팅 전략 수립의 경우 마케터보다 프로덕트 매니저가 더 많이 알고 있어야 하며 브로셔 제작과 같은 일을 진행할 때는 마케터에게 사전 지식을 전달해야 한다.

데이터 기반의 테크니컬 마케터를 지향하라

최근 B2B에서도 디지털 마케팅 분야가 뜨고 있다. 이공대 출신은 물론이요 인문대 졸업자조차 요즘 코딩이나 빅데이터 같은 트렌드에 민감하다. 이러한 추세에 맞춰 최근에는 데이터 중심의 마케팅이 확실히 자리를 잡아가고 있다.

특히 빅데이터를 이용한 사용자 경험 분석이나 구글 애널리틱스 같은 웹 사이트 분석 툴을 통한 사용자 경험 분석에 관련된 분야가 점점 더 늘어나고 있는 추세다. 이는 B2C든 B2B든 앞으로 더 많이 도입될 것이며 빅데이터라는 것이 더 이상 용어가 아닌 하나의 자연스러운 도구로서 자리잡을 것으로 전문가들은 보고 있으며 2020년 정도에는 확실하게 자리매김할 것이라고 한다. 2020년이라고 하지만 불과 5년 정도 남았으며 이에 적응하지 못하는 업체는 과하게 말하면 업계에서 도태되고 사장될 것이라고까지 경고하고 있다.

프로덕트 매니저들도 이러한 경향에 맞추어 디지털 마케팅에 대한 공부 및 기술 습득을 지속적으로 해 나가야 한다. 실제로 우리 회사에서도 디지털 마케팅을 상당히 잘 하고 있는 편이다. 페이스북부터 블로그, 모바일 웹사이트, DM 발송 등 디지털 마케팅 시대에 활용할 수 있는 모든 미디어를 동원하여 마케팅을 수행하고 있다. 하지만 디지털 마케팅에서 가장 힘든 점은 바로 성과 측정이다. 과연 디지털 마케팅을 통해 회사의 성과에 어느 정도 기여하는지에 대한 분석이 아직은 미흡하다는 것이다. 이것은 비단 우리 회사뿐만이 아니라 거의 대부분의 기업들이 고민하고 있는 부분이다. 이는 마케터들만의 노력으로도 가능하지만 기술을 기반으로 하는 프로덕트 매니저라면 본인의 제품에 대해 이러한 부분에 많은 신경을 써야 한다.

전사 마케터는 전체 회사에 대한 마케팅 전략을 수립하지만 개별 제품에 대한 마케팅은 부족할 수 있으며 이를 위한 개별 분석도 사실상 하고 있지 않기 때문이다. 이것은 바로 프로덕트 매니저가 수행해야 하는 부분이며 이를 위해 디지털 마케팅을 배워두어야 한다. 하지만 모든 분야를 다 하는 것은 아니고 마케팅과 프로덕트 매니저가 해야 하는 디지털 마케팅에는 어느 정도 구분이 되어 있다. 그런 점에서 프로덕트 매니저가 관여할 수 있는 부분이라면 빅데이터를 통한 고객 분석이라던지 혹은 자신이 담당하고 있는 제품의 사용자 전환 추적을 위해 구글 애널리틱스 등과 같은 도구로 웹 사이트를 분석하는 일이 있겠다. 이를 통해 본인의 제품에 관심을 보이는 고객들을 회사 홈페이지를 통해 분석할 수도 있고 분석 후 영업에 전달하여 영업적인 기회 제공으로 삼을 수도 있다.

최근 출간된 박세정씨의 〈마케팅 미래 미도를 바꾸다〉라는 책에는 향후 몇 년 안에 기술을 익히지 않는 마케터들은 디지털 시대에 사라질 수 있다고 경고하고 있다. 이 책에 따르면 마케터뿐만 아니라 기존 기술 엔지니어 직군으로 있던 사람들이 빅데이터와 통계 지식을 바탕으로 마케터로 점점 유입되고 있으며 이는 기존의 마케터의 영역을 위협할 수도 있다고 쓰여 있다. 필자도 무척 공감하는 내용이며 오히려 기술 중심의 프로덕트 매니저에게 새로운 기회가 올 수도 있다고 해석할 수 있다. 물론 이 기회를 잡기 위해서는 기존에 전통적인 마케팅에만 관심을 가지지 말고 디지털 마케팅에 관련된 지식을 새롭게 익혀야 하는 전제 조건이 붙는다.

5.8 일관적인 경력 관리 정말 중요하다

그대 경력 관리하고 있는가

흔히 주위에 있는 사람들 중에는 경력 관리를 하지 않는 사람들이 많은 것 같다. 시중에 쏟아지는 자기 계발 책이나 커리어 패스 관련된 책들이 그렇게 많음에도 불구하고 제대로 된 커리어 패스를 가져가지 못하는 이유는 무엇일까. 이유는 다양하게 많지만 책에 나와 있는 내용들을 구체적으로 실행에 옮기는 사람이 적어서인 것 같다. 또한 책에 있는 내용을 본인에게 적용하기에는 모호한 점도 있고 본인이 처해 있는 직군과 업종에 맞지 않아 본인에게 맞는 커리어 패스를 만들지 못해서인 것 같기도 하다.

그렇다면 프로덕트 매니저는 어떻게 경력 관리를 해야 할까?

엔지니어 혹은 개발자에서 PM으로 전환한 경우

엔지니어 혹은 개발자가 PM으로 직종을 전환했을 경우 아무래도 기술에 초점이 맞춰진 상태에서 일을 처리하기 때문에 제품 기획이나 마케팅, 커뮤니케이션에 많은 약점이 노출된다. 특히 평소에 많은 사람들과 커뮤니케이션하고 결과를 이끌어내는 협업 중심의 일을 많이 해야 하기 때문에 혼자서 주로 일을 하던 개발자나 엔지니어에게는 이런 일들이 무척 어렵게 느껴질 것이다. 무릇 프로덕트 매니저는 여러 사람의 의견을 적절히 조율하고 이해당사자들 사이에서 각자의 이익을 대변해 주어야 하기 때문에 이러한 부분들이 상당히 힘들 것이다. 이를 위해 평소에 자신만의 주장을 가능한 줄이고 다른 사람들의 이야기를 많이 들어주고 서로 기분 나쁘지 않게 조정하는 연습을 많이 해야 한다. 다양한 책이나 교육을 통해 커뮤니케이션 스킬을 익히는 것이 좋다.

또한 마케팅이나 제품 기획에 대한 부분도 새로운 영역이므로 주변의 선배들이나 후배들을 통해 마케팅 방법이나 제품 기획에 대한 방법들을 지속적으로 습득해 나가야 한다. 사실 하다 보면 이런 것들은 몸에 익숙해지는 것이고 가급적 사내에 통용되는 비슷한 문서들을 많이 보게 되기 때문에 열심히 트레이닝해 나가면 본인의 노력 여하에 따라 곧 따라 잡을 수 있을 것이다. 단, 엔지니어나 개발자의 경우 마케팅이나 제품 기획에 흥미가 없는 경우가 많으므로 이 점을 극복하는 것이 개인의 능력을 키우는 데 중요하다.

마케팅 혹은 기획자에서 PM으로 전환한 경우

마케팅 혹은 기획자가 PM으로 전환할 경우 제품에 대한 기술적인 이해도가 중요하게 된다. 특히 B2B 프로덕트 매니저의 경우 제품에 관련된 세부 지식은 필수이다. 엔지니어나 개발자들과 함께 제품에 관련된 논의를 많이 해야 하기 때문에 그들을 주도하면서 제품을 이끌어가려면 그들에 상응하는 제품 지식이나 기술 습득이 필수적이기 때문이다.

그렇다고 기술 문서를 A-Z까지 보라는 이야기는 절대 아니다. 그러면 기술 엔지니어를 하지 왜 프로덕트 매니저를 하겠는가? 프로덕트 매니저가 제품에 대한 기술 습득을 해야 한다는 것은 그 제품이 가지는 컨셉, 그 제품의 스펙 및 특정 차별화 기능을 제대로 이해해야 한다는 것이다. 몇 백 페이지나 되는 제품 기술서를 읽어볼 필요는 없으나 엔지니어나 개발자들과 의사소통하기 위한 최소한의 기술 지식을 습득해야 한다는 것이다. 또한 평소에 마케터나 제품 기획자는 영업사원과 고객 제안 건에 관련해서 직접적으로 이야기할 일이 별로 없기 때문에 이런 경우에도 영업과의 커뮤니케이션을 위해 노력해야 한다. 무작정 제품에 대한 기술적인 지식이 없다고 해서 영업과의 대화를 거부할 것이 아니라 가능하다면 그 제품을 잘 알고 있는 사내 컨설턴트나 제품 엔지니어에게 문의하여 원활한 영업 진행이 가능하도록 연결해 주어야 한다.

프로덕트 매니저의 직무나 인터뷰 관련해서는 시중에 번역서도 나와 있으니 참고하기 바란다. 해외 업체의 사례라서 국내에 적용하기에는 약간 무리가 있지만 프로덕트 매니저의 기본적인 업무나 자격을 잘 정리해 두었다. 마지막으로 한가지 더 말하자면 프로덕트 매니저라는 직업을 선택한다면 3년을 기점으로 어떤 커리어를 더 쌓을 것인지를 결정한 다음 본인만의 커리어 패스를 반드시 설정해 둘 것을 권장한다. 그에 맞춰 이력서도 3개월 마다 업데이트해 두는 것이 좋으며 영어 면접도 언제 어느 때 수행할지 모르므로 그에 대한 대비도 해 두어야 할 것이다.

영어 면접 관련해서 간단히 말하자면 외국계의 프로덕트 매니저나 컨설턴트 면접은 통상 5번에서 10번까지 면접을 본다. 그것도 국내 면접자가 보는 경우보다는 해외 매니저급과 주로 보게 되는데 아시아 기술 책임자나 그 위의 상위 책임자까지 보게 된다. 국내처럼 1-2번에 면접이 끝나지 않기 때문에 상당히 긴 프로세스를 거치므로 면접을 보는 동안 지치지 않게 그에 대한 준비도 단단히 해 둘 것을 조언한다. 필자의 경우도 마지막에 떨어지긴 했지만 한 외국계 회사의 면접을 보는데 3-4개월 정도 걸렸다.

이 책이 취업 가이드 책은 아니지만 살짝 비밀을 오픈하자면 우리가 흔히 서점에서 접하는 영어 면접 책에 나오는 딱딱한 이야기로 면접이 진행되지는 않는다. 특히 IT 분야의 경우에는 현재까지 한 일에 대한 내용 및 옮기려고 하는 회사와 관련해서 기술적이거나 전략적인 얘기를 많이 하므로 그에 맞춰 대비하면 좋을 것이다. 전화 면접에서 가장 많이 떨리고 1:1 면접에서는 그냥 편하게 본인의 이야기를 짧은 영어로라도 조리있게 설명하면 된다.

하나의 분야만 고집하지 마라

바야흐로 융합 시대다. 하나만 잘해서는 안되는 시대이기도 하다. 스스로를 하나의 분야에만 가두어 놓지 마라. 프로덕트 매니저의 좋은 점이 제품 기획부터 마케팅, 기술에 이르기까지 다양한 분야를 경험할 수 있는 것이다. 그러므로 스페셜리스트보다는 제너럴리스트에 가깝다고 할 수 있다. 하나의 기술에만 종속되다 보면 그 기술이 트렌드에서 밀려났을 때 대응이 어렵다는 문제점이 있다. 언제든지 본인의 커리어를 변화시킬 수 있도록 오픈 마인드 자세로 일해야 한다.

필자는 사원, 대리까지는 소프트웨어 개발 및 인프라 관리, 과장급까지는 하드웨어 엔지니어, 이직 후에는 가상화 솔루션 컨설턴트, 현재는 다시 하드웨어 쪽의 컨버지드 인프라 프로덕트 매니저와 같이 다양한 분야를 경험했다. 그러면서 자연스럽게 소프트웨어와 하드웨어의 양쪽 측면을 경험해 보았다. 이 경우 양 측면에서의 경험이 있기 때문에 일을 할 때도 다양한 분야의 사람과 만나서 할 수 있는 이야기가 많다. 하지만 한 쪽 기술만 습득한 사람들의 경우 다른 분야의 용어나 지식을 알 수 없기 때문에 대화가 통하지 않을 때가 많다.

요즘은 기술 지식이 접목된 마케팅이나 제품 기획 쪽이 너무 재미가 있다. 차후에는 그 쪽의 커리어도 쌓아보고 싶다. 이와 같이 프로덕트 매니저라면 하나의 분야만 고집하지 않고 오픈된 자세로 새로운 지식이나 기술을 습득할 수 있는 자세를 항상 가지고 있어야 한다.

이직은 신중하게

언제 이직할 것인가? 무엇을 위해 이직할 것인가? 이직을 하기 위해 가장 중요한 부분인 것 같다. 흔히 우리는 이직은 3번 정도면 끝이라고 한다. 그 이상 하면 좋지 않은 시선으로 보게 된다. 성실하지 않은 사람이거나 우리 회사에도 들어오면 언젠간 나가겠지 하는 그런 시선으로 이직 횟수에 관심을 많이 가진다. 하지만 속설이긴 하지만 외국계 업체에서는 이직 횟수 제한이 거의 없다. 물론 좋지 않은 형태로 이직을 하면 당연히 의심을 받게 되지만 본인의 능력이 탁월하여 실적을 많이 내는 사람에게 이직은 선순환이 된다. 이직을 잘하여 좋은 회사로 이동하면 최소 1.5~2배 정도의 연봉 상승이 이루어진다. 성과를 더 내고 더 좋은 회사로 가면 다시 1.5~2배의 연봉을 받게 되는 그러한 구조이므로 본인의 성과 관리만 잘 한다면 외국계 회사에서의 이직은 횟수에 제한이 없다. 외국계 회사는 실적 중심 체계이므로 이러한 부분이 가능하다.

필자가 알고 있는 주변 지인들만 해도 4-5번의 이직은 기본으로 한다. 서점에 가서 외국계 취업에 대한 경력자들 책을 한번 읽어보시라. 아마 이력 부분이 화려할 것이다. 10번 정도 옮겨다닌 분들도 있다. 그분들이 능력이 없어서 회사에서 나오는 것이 아니라 보다 높은 능력을 인정받아 다른 회사에 스카우트되는 경우가 많다. 이러한 과정을 거치면서 몸값이 1억~2억 원 되는 분들이 외국계 기업에는 부지기수다. 이렇게 인정받으면서 이직하려고 하면 리스크가 있어도 외국계를 노려보는 것도 좋겠다. 앞에서도 외국계 기업의 연봉에 대해 언급해 두었으니 관심이 있다면 그 쪽 관련 책이나 정보를 검색해 보는 것도 좋겠다. (외국계 취업 관련해서도 많은 책이 나와 있다.)

한가지 명심할 것은 '무엇을 위해 이직할 것인가?'를 심도 있게 고민해야 한다는 것이다. 무턱대고 하는 이직은 100% 실패하고 후회한다. 이직을 할 때는 최소한 이직할 회사에서 그 다음에 이직할 회사, 즉 2-Step 이직을 염두에 두고 이직 활동을 해야 한다는 것이다. 이를 위해서는 본인이 앞으로 하고자 하는 일이 무엇인지, 업종은 무엇인지를 명확하게 결정한 다음 움직여야 한다.

앞에서 설명한 것처럼 프로덕트 매니저가 갈 수 있는 길은 여러 갈래이므로 그에 따른 선택이 중요해진다. 선택의 폭이 여러 개라는 것은 좋으나 그 길을 선택함으로써 얻어지는 결과가 좋을 수도 있고 나쁠 수도 있기 때문에 본인이 가고자 하는 곳의 시장 상황이나 업무의 질 등을 잘 따져보기 바란다. 그리고 그 분야가 경력이 많은 사람을 원하는 곳인지 아니면 사원급 정도의 일처리 능력만으로도 충분한 곳인지를 따져보아야 한다. 연봉 급수에 대한 부분도 대단히 중요한 요소이므로 본인이 하고 싶은 일이 있다고 해서 사원급 정도만으로 처리 가능한 분야에 간다면 메리트가 떨어질 것이다. 경력이 높아질수록 수요가 많은 분야를 찾아야 한다.

5.9 전문 용어와 회화 패턴만 알아도 외국인과의 업무가 가능하다

외국어는 언제나 이슈다. 대학생이나 직장인이나 항상 새해 목표에 들어있고 직장을 구할 때나 이직할 때 걸림돌이 된다. 영어 토익에 이제는 영어 스피킹까지 직장을 구하는 사람부터 승진을 원하는 사람에 이르기까지 외국어는 스트레스로 다가온다. 요즘 대학생들은 그래도 나은 편인 것 같다. 신입사원들을 보면 어떻게 그렇게 영어 성적도 좋고 영어 회화도 잘하는지 주눅이 들 때가 많다.

몇 천 명의 지원자 중에 뽑힌 친구들이니 영어 회화를 당연히 잘하지 않겠나. 면접관들이 그런 사람들만 뽑아내는 세상이니 말이다. 하지만 실제로는 외국인과 얘기할 일이 별로 없는 평이한 직종이나 중소기업까지 토익이나 영어 회화 점수를 강요하는 것은 확실히 비효율적인 것만은 분명한 것 같다. 거기에 항상 불거지는 점수와 실제 외국어 구사력 사이의 괴리는 더욱 문제라고 하겠다.

최근 잡코리아에서 직장인 333명을 대상으로 "직장에서의 외국어 사용 여부"를 설문조사했다. 결과에 따르면 '입사할 때 외국어 성적을 제출했는가'라는 질문에 54.7%가 성적을 제출했다고 답했다. 또한 외국어 면접까지 진행한 응답자가 33.3%로 3분의 1이었다. 평소 업무에 외국어를 얼마나 사용하는가에 대한 설문 결과는 '거의 사용하지 않는다'가 51.4%로 가장 많았다. '일주일에 2~3회 정도 사용한다'는 14.4%, '한달에 2~3회 정도 사용한다'는 13.8%, '항상 사용한다'는 12.3%로 나타났다. 외국어를 주로 사용하는 상황은 '이메일'이 46.3%로 가장 많았으며 '보고서 등의 문서 작업'이 35.2%, '전화'가 35.2%, '국내를 방문한 외국인 응대'가 22.2% 순으로 나타났다. '업무를 위해 외국어 능력이 필요하다고 생각하느냐'라고 설문한 결과는 '잘하면 좋지만 필수는 아니라고 생각한다'라는 응답이 39.3%로 가장 많았다. '어느 정도 필요하다'는 31.2%, '업무를 위해 꼭 필요하다'라고 응답한 사람은 20.4%, '전혀 필요하지 않다'라고 응답한 사람'이 9.0% 순으로 나타났다. 실제 업무에서 사용하지는 않지만 직장인들은 여전히 외국어 사용 능력을 중요하게 생각하고 있으며 회사에서 인정받기 위해 평소에 외국어 능력 계발을 꾸준히 하고 있는 것으로 보인다.

실제 회사에서 사용하지도 않지만 회사의 정책이나 취업을 위해 외국어를 해야 할 수 밖에 없는 것이다. 설령 토익 같은 시험 점수가 높아 입사한 사람이더라도 실제 업무에서 외국인과 대화 시 입도 뻥긋하지 못하는 사람들이 아직도 부지기수로 많은 것이 오늘날의 현실이다. 흔히 '페이퍼 외국어 능력'이라고 불리는 것이 그것이다. 필자는 토익이나 JPT 점수가 신통한 사람은 아니다. 점수를 잘 받은 것도 아니고 사실 첫 회사에는 운좋게 입사했다고 생각된다.

필자가 하려는 얘기가 취업을 하기 위해 영어 공부는 이렇게 해야 한다는 전략같은 걸 알려주는 건 아니고 실제 언어를 어떻게 배웠느냐 하는 것에 초점을 맞추다 보니 약간 실망스러울 수도 있겠다. 필자도 평범한 사람들처럼 집에 영어 말하기 방법론이나 토익 책이 잔뜩 쌓여 있다. 똑같이 평범하단 얘기다. 진급을 위해 토익 점수 받아야 하고 토익 스피킹도 점수가 없어서 조마조마한다. 영어 회화 책은 한달에 하나씩 사고 왜 영어가 잘 안되는지 항상 고민 중이다. 하지만 비즈니스 관련해서 벤더와 커뮤니케이션하는 데는 크게 문제가 없다. 이전에 그렇게 고민하고 안되던 것이 요즘은 약간 숨통이 트이는 것 같다.

일본계 외국계 회사에서 경험했던 것을 잠깐 얘기해 볼까 한다. 일본계 회사에 다녀서 일본어가 갑자기 잘되었다고 생각하면 오산이다. 필자는 일본계 회사에서 10년 동안 근무했다. 5년 동안은 일본어 벙어리로 살았다. 흔히 얘기하는 눈으로만 읽을 줄 알고 일본어 회화를 거의 할 줄 모르는 왕초보였다. 그러던 중 부서를 옮기고 본격적으로 일본 벤더와의 비즈니스를 시작했다. 초반에는 직급이 낮아서 필자가 담당자들과 직접 얘기할 기회는 많지 않았다. 초반 사업 회의 진행 시에 1주일 내내 9시부터 오후 6시까지 하루종일 회의만 하는 경우도 많았다. 그때마다 필자는 꿀먹은 벙어리요 귀머거리였다. 필자도 일본어 읽기와 쓰기를 꽤나 한다고 생각했지만 웬걸, 하나도 들리지 않았다. 들리지 않으니 이해할 수도 없고 필자가 할 일도 없었다. 그 시간에 뭐했을 것 같은가? 1주일 내내 회의 도중에 졸았다고 하면 믿겨지겠는가? 실제로 그랬다. 우리 팀이 3명이었는데 필자가 가장 막내였고 필자는 문서만 출력하고 자리에 멍청하게 앉아서 쉬는 시간이 되기만을 기다렸다. 그때의 지루했던 시간을 아직도 잊을 수 없다. 또한 그때 만큼 나 자신이 초라해진 적이 없었다.

왜 그렇게 되었는지 곰곰이 생각해 보았다. 왜 나는 그 내용을 하나도 들을 수가 없었던가? 일본어는 나름 해 왔다고 생각했는데. 일본 애니메이션도 좋아해서 집에서 항상 보고 드라마도 보고 이해도 하건만 유독 회사에서 회의하는 그 순간에는 왜 바보가 되는 건지 생각해 보았다. 곰곰이 생각한 결과 결론을 낸 건 일본어의 경어와 비즈니스에서 사용되는 말들을 몰랐던 것이었다. 책에는 잘 나오지 않는 그런 말들을 일상적인 회화에서는 들어보거나 사용해 본적도 없으니 대화에 끼어들기 어려웠다. 이렇게 원인을 파악하기는 했지만 언어라는 게 아시다시

피 문제가 뭔지 알아도 바로 되지는 않는다. 그 이후로도 3-4개월 정도는 그렇게 회의 시간에 멍하니 들어야만 했고 회의 시간 내내 딴 짓을 하고 있었다.

그런데 신기하게 6개월쯤 지난 이후에 회의에 참석했는데 갑자기 대화가 이해되기 시작했다. 물론 그동안 업무 용어들을 틈틈이 공부한 덕분이기도 했지만 여하간 대화 내용을 이해하기 시작했다. 듣기가 어느 정도 되니 말하기에도 자신이 붙기 시작했다. 이후 6개월은 속도가 붙어 담당자와 조금씩 말하기도 하고 농담도 하게 되었다. 불과 1년 만에 비즈니스 일본어를 익히게 된 것이다. 가장 어려웠던 것은 전화로 통화하는 것이었다. 전화의 문제는 얼굴을 보지 않고 이야기한다는 데 있다. 서로 마주보면서 이야기할 때는 바디 액션이나 표정을 보고 부족한 부분을 채울 수 있지만 전화로 대화할 때는 순전히 말만 주고받고 표정도 알 수 없으니 필자가 말을 이어가지 못하면 정말 미안하고 서먹했다. 하지만 이것도 1개월 정도 통화하다 보니 어느새 1-2시간을 담당자와 어려움 없이 대화하고 있는 나를 발견할 수 있었다. 다른 사람들이 지나가면서 무슨 이야기를 하는데 1시간 넘게 일본어로 전화를 붙들고 있느냐고, 어떻게 그렇게 할 수 있냐고 물어볼 때 왠지 모르게 뿌듯한 느낌이 들었다. 이젠 나도 일본어가 되는구나 하고.

이렇게 경험을 하고 나니 영어 회화를 해 보고 싶다는 열망이 간절해졌다. 하지만 그 시점에서의 직장이나 업무 상황에서 영어 회화는 하기 힘들어 보였다. 마침 기회가 되어 이직을 하였고 그 이후에는 영어를 쓰는 외국계 벤더와 비즈니스를 할 기회가 자주 있었다.

영어는 여전히 어려웠다. 특히 영어의 리듬이나 억양이 적응되지 않았다. 자주 만나서 비즈니스를 하는 것도 아니고 메일만 거의 주고받았다. 당연히 회화 실력은 늘지 않았다. 일본어를 익힌 이후로 실전 경험이 중요하다는 사실을 이미 깨닫고 있었기 때문에 외국인과 실무를 하고 싶었다. 지금의 회사에서는 온전히 벤더와 직접적으로 커뮤니케이션을 해야 한다. 회사에도 자주 방문하고 특히 필자가 담당하는 제품의 경우 현재 시장에서 굉장히 관심도가 높은 제품이므로 벤더와의 커뮤니케이션이 잦은 편이다. 이전에 일본어를 익힐 때의 빈도수보단 덜하지만 비슷한 환경이 되었다. 이제는 담당자가 와도 영어로 필자가 담당하는 제품에 대해 이야기를 주고받을 수 있는 정도의 회화 실력은 된 것 같다. 그래도 여전히 단문장만으로 얘기하지만 이전과 비교했을 때보단 장족의 발전이다. 2가지 외국어를 구사하게 된 것은 정말 나로서는 행운이라고 할 수 있다.

중요한 점은 부딪히는 것이다. 필자는 그렇게 생각한다. 책으로만 외국어 익히지 마라. 실제 외국인과 커뮤니케이션해라. 없으면 만들어라. 그냥 서점 가서 영어 회화책, 패턴 영어 책만 사지 말고 무슨 수를 쓰든 외국인과 비즈니스 커뮤니케이션해 보라. 책에 붙은 CD는 거의 의미가 없다. 천천히 녹음되어 있을 뿐더러 발음이 너무 정직해서 실제 대화할 때 도움이 거의 되지 않는다. 흔히 Authentic Material로 공부하라고 전문가들이 조언하는데, 필자가 생각하기에 그게 정답인 듯 싶다.

간단한 문장일지라도 비즈니스적인 생각과 논리가 있어야 대화가 가능해진다. 거기에 본인이 담당하고 있는 제품에 대한 이야기가 들어간다면 초등학교 수준의 문장일지라도 대화가 될 것이다. 그렇게 되기 위해서는 미드나 미국 정치권에 나와 요즘 한참 이슈가 되고 있는 도널드 트럼프가 진행하는 Apprentice 같은 오디션 프로그램을 보는 것도 좋을 것이다. 필자도 한동안 Apprentice를 즐겨보았다. 거기에는 비즈니스적인 마인드, 마케팅, 광고 등에 대한 부분들이 많이 나오니 외국계 회사에 취업하고자 하는 학생들이나 사회 초년생들이 보면 아주 좋을 것이라고 생각된다. 또한 토론에 필요한 패턴들이 많이 나오기 때문에 논리적으로 커뮤니케이션하는 데 많은 도움이 될 것이라 생각된다.

부디 외국어 실력을 높이는데 토익이나 JPT 같은 시험만 잡고 있지 말고 실제 회화 실력을 높여서 외국계 회사에 면접을 보라. 합격하면 여러분의 인생이 지금과는 180도 달라질 것이라고 확신한다.

5.10 책을 써서 자신을 브랜딩하라

이 글을 읽고 있는 당신의 전문 분야는 무엇인가? 필자도 이 책을 쓰기 전까지는 필자의 전문 분야에 대해 깊게 생각해 본 적이 없었다. "지금 내가 하고 있는 일은 이것입니다"라고 설명은 해 줄 수 있지만 막상 자신의 전문 분야에 대해 책으로 정리해 보라고 한다면 과연 어느 정도의 컨텐츠를 만들 수 있을까? 그래서 필자는 이 책을 쓰기로 마음먹었다. 현재 필자가 하고 있는 분야는 IT 분야라서 이 책을 읽는 독자층이 그리 넓지 않을 수도 있다. 하지만 이 책은 IT 분야에만 한정되어 쓰여지지 않았다.

프로덕트 매니저는 IT 분야뿐만 아니라 모든 업종에 적용 가능한 직종이기 때문이다. 단지 직무의 명칭과 하는 일이 약간씩 틀리다는 차이점이 있을 뿐이다.

몇 년 전부터 퍼스널 브랜드에 대해 관심들이 많다. 개인을 브랜드화한다는 의미의 퍼스널 브랜드는 최근 창업 혹은 스타트업 등으로 인해 더욱 중요해지고 있는 실정이다.

개인을 브랜드화한다는 것은 어떤 의미일까? 필자는 그것을 차별화라고 보고 있다. 또한 차별화라고 하는 것은 '나만이 가지고 있는 것', '내가 아닌 다른 사람은 가지고 있지 않는 것'이라는 의미로 해석될 수 있다. 그래서 이를 또 다르게 "온리원"이라고 부른다. 필자는 다른 용어보다 이 "온리원"이라는 용어를 좋아한다. 영어로는 "Only One", "오직 혼자뿐"이라는 말이다. "최고보다는 온리원이 되어라"라는 말을 많이 한다. 최고는 잠깐하고 언제든지 바뀔 수 있지만 먼저 선점하는 온리원은 쉽게 바뀌지 않는다. 오히려 시장의 온리원이 되면 시장의 리더가 되어 팔로워들이 줄을 잇는다. 파워 블로그들이 유명해진 이유는 남들이 하지 않는 온리원의 분야를 찾아 그것을 집중적으로 블로그에 글로 올리기 때문이다. 이 때문에 그들의 전문성을 인정해주고 그들을 따르는 팔로워들이나 팬들이 많은 것이다.

자 그렇다면 생각해보자 본인이 속한 분야에서 온리원이 되기 위해 여러분은 어떤 경력을 쌓아 왔는가? 아직 학생이라면? 학생이라면 책보다는 블로그를 통해 자신이 무엇을 하고 있는지에 대한 글을 지속적으로 써서 알리면 된다. 올릴 글이 없다고? 그렇지 않다. 중고등학생 심지어 초등학생도 얼마든지 자신만의 스토리가 담긴 블로그나 페이스북을 만드는 시대이다. 독자 여러분이 적어도 대학생이라면 최소 15년 이상 20년 동안 지내면서 만들어진 본인만의 스토리가 있을 것이다. 요즘은 모두 스토리텔링으로 자기를 차별화하는 시대이다.

본인만의 스토리를 찾아라! 반드시 찾아라. 그래서 본인을 차별화하고 자기만의 분야를 가지고 온리원으로 만들어라. 취업을 준비하는 취준생이라면 취업을 해야 하는 절박한 심정으로 본인만의 스토리를 찾아야 한다. 그것을 블로그에 집중적으로 써서 관리하던지 아니면 책으로 써서 만들어라. 제발 일상의 가십거리만을 다루는 글만 블로그에 올리지 말아라. 본인만의 전문화되고 차별화된 스토리가 있다면 그것을 멋지게 포장해서 자기소개서에 집어넣어라. 면접관들이 가장 먼저 관심을 보일 것이다.

그중에도 제일 확실한 차별화 방법은 본인만의 책을 쓰는 것이다. 본인만의 책을 써서 본인의 전문성을 인정받는 것이다. 일반적으로 책을 쓰는 일은 아무나 하는 것이 아니라고 생각할 것이다. 하지만 요즘 시대는 책을 아무나 쓰는 시대가 되어 가고 있다. 최근의 서점가를 가보면 알겠지만 스타트업 창업자들을 필두로 해서 본인만의 스토리를 담은 책이 대세이다. 본인이 가진 디자인 감각을 살려 쇼핑몰을 창업했던 스토리, 병원 컨설팅을 통해 1인 스타트업을 운영하는 스토리, 전문 강사로서 코칭을 하는 1인 스타트업의 이야기 등 다양한 이야기를 자신만의 전문 분야와 접목하여 책으로 알리고 있다.

요즘 시대는 책을 써서 자신을 브랜딩하는 시대이다. 블로그를 통해 자신을 알릴 수도 있겠으나 책은 본인을 홍보하는 가장 확실한 수단이 된다. 그리고 책은 일을 그만두고 쓰는 게 아니고 반드시 자신의 전문 분야의 일을 하면서 써야 한다. 그래야 현재 본인의 브랜드 가치가 커지고 최소한 현재의 직장을 그만두게 되더라도 본인의 전문성을 계속 인정받을 수 있을 것이다. 다시 한번 말하지만 책은 자신의 전문성을 널리 알릴 수 있는 유일한 방법이다. 블로그나 페이스북도 여러분을 알릴 수 있는 좋은 방법이 될 수 있다. 하지만 블로그는 편하게 글을 쓸 수 있는 반면 책은 정성들여서 쓰게 된다. 또한 책은 본인의 지식을 체계적으로 정리할 수 있는 기회가 되므로 여태까지 본인이 갈고 닦은 전문 기술을 다시 한번 정리할 수 있는 기회가 될 것이다.

책 쓰기 방법에 대해서는 서점에 가면 여러 전문가들이 쓴 책이 있으므로 참고하기 바란다. 책쓰기 책을 고를 때 주의사항이라고 한다면 우리는 일반인이며 작가가 아니다. 작가나 전문 글쓰기 저자가 쓴 책쓰기 책 보다는 일반인이 책을 쓸 수 있도록 지도한 책을 읽어보는 것이 좋겠다. 성공책쓰기플러스 조영석 소장의 〈이젠 책 쓰기다〉 같은 책을 보면 일반인이 책을 쓸 수 있는 방법에 대해 자세히 설명해 두었으므로 좋은 참고 도서가 될 것이다.

책을 써서 얻는 여러 가지 혜택들은 여기서 구구절절히 언급하지 않겠다. 글 재주가 없다고 실망하지 말고 인생에 한번쯤 자신만의 전문 서적 책쓰기에 도전해 보기 바란다. 본인만의 브랜드를 세상에 널리 알릴 수 있는 절호의 기회가 될 것이다.

6장 미니 CEO, 프로덕트 매니저의 시대가 온다

6.1 한번쯤은 프로덕트 매니저를 해봐라

6.2 프로덕트 매니저는 오케스트라의 지휘자다

6.3 공부가 취미인 그대, 프로덕트 매니저로 성공하라

6.4 프로덕트 매니저로 스타트업 시대를 준비하라

6.1 한번쯤은 프로덕트 매니저를 해봐라

우리나라는 예로부터 동방예의지국이라고 불렸다. 겸손이 미덕이라고 믿는다.

그래서 자기자랑하는 것을 많이 아낀다. 무언가를 잘하더라도 본인이 아닌 다른 사람의 공이라고 둘러서 이야기하기도 한다. 하지만 외국은 그렇지 않은 경우가 많다. 모든 것이 자기 중심적이고 자기가 잘해서 되었다고 이야기한다.

바로 이런 차원에서 본다면 프로덕트 매니저는 자기가 잘났다고 떠들고 다닐 필요가 있다. 겸손의 미덕보다는 자신이 잘 되어야 제품이 잘 된다는 생각을 가져야 한다는 말이다. "드러나지 않으면 알아주지 않는다" 프로덕트 매니저로서 경험한 바에 의하면 프로덕트 매니저는 소위 좀 튀는 사람이 하는 것이 좋다. 내성적이고 쑥맥인 사람은 프로덕트 매니저에 잘 어울리지 않는다.

필자도 사실 사춘기 시절인 중학교 고등학교까지는 남 앞에 잘 서지 않았다. 왠지 남 앞에 서서 잘난 체 하는 것이 기분 좋지 않았다. 하지만 대학교를 지나 사회 생활을 하면서 조금씩 남 앞에 서는 것에 대한 강렬한 열망을 가졌다. 멋지게 남들 앞에서 돋보이고 싶었고 그런 일들을 계속 찾아 현재의 여기까지 왔다.

필자는 지금도 남들 앞에서 멋지게 보이기 위해 노력한다. 외모에 대한 부분이 아니라 나를 어떻게 잘 나가는 프로덕트 매니저로서 포장하고 어떻게 하면 필자가 맡은 제품을 많은 고객이 잘 알아볼 수 있게 할지를 고민한다. 세미나를 통해 필자의 제품과 필자의 대외 인지도를 어떻게 하면 높일 수 있을지 고민하고 신문이나 인터뷰에 한번이라도 필자와 필자의 제품을 노출하기 위해 노력하고 있다. 이런 열망이 있어야만 프로덕트 매니저 일을 할 수 있으며 이를 통해 프로덕트 매니저로 성공할 수 있다.

책임질 때 지더라도 폼나게 일해라

필자는 잘 팔리지 않는 제품 전문 프로덕트 매니저다. 필자가 담당하는 제품은 현재 잘 나가는 제품이 아니라 잘 나가기 위해 준비하는 제품이다. 회사에서는 잘 나가는 제품에 대한 담당자는 있어야 한다. 그러나 미래를 위해 준비하고 장기적으로 나아갈 방향이 담긴 제품을 담당하는 담당자도 반드시 있어야 한다. 필자는 필자의 제품을 담당하는 동안 인센티브를 많이 받아본 적은 없다. 하지만 현재 잘 나가는 제품이 아니라 미래에 잘 나갈 제품을 하고 있기 때문에 시장에서의 미래 경쟁력이나 여러분 개인의 프리미엄은 떨어지지 않는다. 그래서일까? 필자는 현재 제품이 잘 팔리지 않더라도 크게 신경쓰지 않는다. 실적이 별로 좋지 않아도 마찬가지다. 물론 프로덕트 매니저로서 매출이 상승하지 부분에 대한 반성은 해야 한다. 어떻게 제품을 활성화시킬 것인지에 대한 고민도 늘 해야 한다. 그런 고민을 하지 말라는 것이 아니라. 적어도 자신이 담당하는 제품에 대한 믿음이 있다면, 자신이 수립한 전략에 믿음이 있다면 다른 사람들에게 휘둘리지 말고 꿋꿋하게 자신이 맡은 바 소임을 다 해야 한다는 말이다. 그것을 위해서는 자신의 주관에 맞게 소신있게 일을 진행해야 한다. 자기 제품을 위해 하고 싶은 것이 있다면 팀장 및 임원을 설득해서라도 진행시킬 필요가 있다. 무엇이 두려운가. 무엇이 고민인가. 회사라는 울타리 안에서 본인이 해 보고 싶은 것을 자신있게 모두 해 보라. 본인이 바로 제품의 CEO라는 생각을 가지고 있을 때야 말로 그러한 일을 자신있게 할 수 있다. 회사는 비용 절감을 외치고 제약을 걸지만 그것을 뚫고 나가는 것도 누군가는 해야 하는 일이다. 필자는 그것이 프로덕트 매니저가 해야 하는 소양이라고 믿고 있다.

최악의 경우에 제품이 소멸되더라도, 실패한다고 하더라도 지금 본인이 해 보지 않으면 해결할 수 없다고 생각하라. '나중에 내 후임이 해결해 주겠지'라는 생각도 하지마라. 본인이 하고 안되면 본인이 실패한다는 생각으로 임해라. 어차피 회사가 책임져준다. 책임감이 없는 생각이라고? 그렇지 않다. 실패도 해 본 사람만이 다음의 성공을 이끌 수 있다. 단지 안이한 대응으로 실패하는 것과 할 수 있는 것을 다 해봤는데 안되는 것과는 천지 차이다. 실패하는 제품도 나서서 맡아보는 것이 당신을 더욱더 나은 프로덕트 매니저로 이끌 것이다. 그 경험을 바탕으로 성공하는 제품도 만들 수 있다. 기억하라. 실패를 경험해 보지 않고 성공할 수 있는 프로덕트 매니저는 아무도 없다는 것을.

6.2 프로덕트 매니저는 오케스트라의 지휘자다

프로덕트 매니저의 참된 경쟁력은 어디서 찾아야 할까? 앞에서 살펴본 많은 역할 중에 사실 프로덕트 매니저가 가져야 할 딱히 이렇다 할 경쟁력은 없다. 프로덕트 매니저는 기획자도 아니요 마케터도 아니며 프리젠터도 아니다. 또한 전문 프로 강사도 아니다.

요즘은 전문가가 넘쳐나는 시대다. 모두 다 자기가 전문가라고 홍보한다. 블로그에 페이스북까지 나오는 책들을 보면 전문가가 아니면 살아남기 힘든 시대라는 것을 반영하는 듯 하다. 그렇다면 프로덕트 매니저는 어떤 전문가가 되어야 하는가. 위에서도 언급했듯이 프로덕트 매니저는 어떤 한 분야의 전문가가 아니다. 기술을 밑바탕으로 벌어지는 모든 일에 대해 전문가 수준까지의 지식을 쌓아야 한다. 이 부분에서는 반론이 있을 수 있다. 하나만 해도 전문가가 되기 힘든 현실인데 기획, 마케팅 및 프리젠테이션, 외국어까지 요구 사항이 너무나 많다. 하지만 역으로 생각해 보면 해야 하고 할 수 있는 것들이 너무 많은 것도 프로덕트 매니저다. 그야말로 우리가 업무를 하면서 경험하는 대부분의 것들을 해 볼 수 있다. 신제품을 기획하기도 하고 기획한 제품의 마케팅 전략을 수립하기도 한다. 수립한 전략을 이행하기 위해 제품 소개 자료를 만들어야 하며 또 이를 대내외에 홍보하기 위해 직접 세미나에 연사로 참석하여 수많은 사람 앞에서 발표해야 한다. 그래서 필자는 프로덕트 매니저를 제품이라는 오케스트라를 지휘하는 제품 지휘자라고 개인적으로 부르고 싶다. 제품의 생성과 종말을 같이 하며 그와 관련된 절차의 모든 부분에 관여해야 하기 때문에 하나의 영역만 잘해서는 결코 버틸 수 없는 직군이다. 그러나 다른 직군에 비해 많은 것을 배우고 습득할 수 있는 장점이 있다. 기획자가 마케팅을 넘보는 일이 많이 없으며, 마케터가 전문 프리젠터가 되는 경우도 많이 없다. 또한 프리젠터가 거꾸로 마케팅이나 기획만을 위해 일하지도 않는다.

이런 관점에서 보면 프로덕트 매니저는 정말 다양한 많은 일을 할 수 있으며 추후에 프로덕트 매니저 일을 하지 않더라도 다양한 직군에서 활약할 수 있는 토양을 만들 수 있다는 측면에서 프로덕트 매니저의 경쟁력은 충분하다고 생각된다. 따라서 프로덕트 매니저는 기술에만 목매지 말고 기획이나 마케팅, 프리젠테이션 등의 다양한 역할을 흡수하여 종합 예술가로서의 본인의 경쟁력을 쌓아나가야 한다.

팀 간 서로의 하모니가 중요하다

프로덕트 매니저가 수행하는 다양한 일은 결코 혼자서 할 수 있는 것이 아니다.

모든 일의 절차는 해당 팀과의 조율과 협력이 필요하다. 따라서 프로덕트 매니저는 이러한 Cross-Function 팀을 이끌고 성공적으로 제품을 관리하기 위한 커뮤니케이션 능력 및 동료들과의 관계에도 신경을 써야 한다. 특히 해주고 싶은 말은 사내에 적을 두지 말라는 것이다. 프로덕트 매니저는 항상 사내에서 드러나는 직군이다. 모든 이들이 내 제품에 관심을 보이고 나라는 사람에 대해 항상 주시하고 있다는 사실을 잊어서는 안된다. 따라서 회의를 주재할 때나 다른 부서와 미팅할 때 대립하거나 부정적인 입장을 보이는 행동은 하지 말아야 한다. 그것이 추후 제품의 출시나 고객 제안에 있어서 뜻밖의 걸림돌이 될 수 있기 때문이다. 이를 방지하기 위해 프로덕트 매니저는 가능한 긍정적인 마인드로 각 부서 사람들과의 소통에 임해야 한다. 부정적인 말이나 언사는 가능한 배제하고 바로 그 자리에서 나지 않는 결론이라면 조금의 시간을 두고 해결하려고 노력하라.

적어도 이렇게 해야 주위 사람들로부터 도움을 많이 받을 수 있다. 무조건 그 자리에서 딱 잘라서 결론을 내야 한다는 생각은 버려라. 많은 사람의 도움을 얻기 위해서는 때로는 한발 물러서는 방법도 배워야 하며 하기 싫어도 해 줄 수 있는 일이 있다면 해주는 것도 좋다. 하지만 앞에서도 언급했듯이 정말 불필요한 일이라면 거절의 기술을 통해 상대방이 기분 나쁘지 않도록 우회해서 대응하도록 하자.

본인 혼자서 하고 본인이 책임지는 1인 스타트업이 아닌 이상은 동료들의 협력을 구해야 한다. 친구는 많지 않더라도 적어도 사내의 적은 만들지 않는 지혜로움을 갖추기를 바란다.

6.3 공부가 취미인 그대, 프로덕트 매니저로 성공하라

필자는 치열한 IT 업계에서 사회생활을 시작했다. 그것도 제일 치열하다는 SI 업계의 회사에서 시작했다. 지원 부서이긴 했지만 개발자들의 환경을 만들어주기 위한 보조 역할을 수행했다. 그렇게 하려면 SI 개발자들이 수행하는 업무 환경에 대한 부분도 일부 알아야 했으며 다양한 하드웨어 및 OS, 데이터베이스에 대한 지식도 쌓아야 했다. 심지어 일본어를 모르면 일본 측에서 오는 문서를 보고 환경을 구성할 수 없기 때문에 새벽 5시에 일어나 일본어 학원까지 다녀야 했다.

신입 시절 퇴근은 12시가 기본이었고 자취방에 1시에 넘어 도착하면 녹초가 되어 잠이 들었다. 4시간만 자고 새벽 5시에 일어나 일본어 학원을 다녔다. 그런 강행군을 거의 1년 가까이 하다 보니 몸도 마음도 힘들었다. 하지만 그런 시절도 3년 이후에는 지나가고 사내의 몇 개의 다른 부서를 거치면서 단련되어 갔다. 10년 전의 IT 회사라는 곳은 오래 남아있는 자가 열심히 하는 자라는 미덕이 있어서인지 밤 10시 전에는 퇴근하는 경우가 극히 드물었다. 당연하다는 듯이 IT 매뉴얼과 전산 관련 책은 필자의 친구가 되었다. 그래서였을까? 요즘도 그 습관은 나를 항상 공부하게 만들고 있다. 요즘의 추세는 회사에서 야근을 시키지 않는다. 우리 회사는 퇴근 시간이 그리 늦지 않다. 이제는 야근보다는 저마다의 힐링이나 가족과의 시간을 위해 일찍 퇴근하는 편이다. 또 전반적인 사회 분위기가 그렇게 만들고 있다. (물론 아직도 야근을 밥먹듯이 하며 고된 일에 시달리고 있는 직장인들도 많이 있다.)

하지만 여전히 필자는 저녁에 남아 야근을 자처한다. 왜냐고? 신입 때부터 저녁에 공부하는 것이 습관이 되었기 때문이다. 특히 남아서 책을 보는 것이 너무나 좋다. 필자는 경기도 외곽에 살고 있기 때문에 출근 2시간, 퇴근 2시간, 왕복 4시간이 걸린다. 저녁까지 먹고 가면 9-10시가 넘어가기 때문에 가능하면 회사에서 공부할 수 있다면 회사에서 공부하고 가는 편이다.

왜 공부하냐고? 공부가 밥먹여주기 때문이다. 회사에서는 싫어할지도 모르지만 이제는 한 회사에서 정착해서 살아남기 힘든 시대가 되었다. 소위 샐러던트라고 하는 공부하는 직장인 시대가 된 것이다. 하지만 "샐러던트가 되어라"라고 하여도 갑자기 그렇게 바뀌기 쉬울까? 평소에 공부하는 습관이 되어 있지 않다면 쉽지 않을 것이다. 모든 이들이 퇴근한 조용한 사무실에서 내일을 준비한다. 업무에 관련된 공부도 있고 내일의 나를 위해 준비하는 공부도 한다. 끊임없이 배우고 습득하지 않으면 내일을 보장받을 수 없다. 전문대부터 시작했기 때문에 짧은 공부에 대한 나름의 콤플렉스가 있는지도 모른다. 같은 출발선상에서 볼 때 대학 졸업자들이 전문대 졸업자보다 취업 등에서 유리한 것은 어제 오늘 일도 아니며 부정하고 싶지도 않다. 다행히 필자는 16년 동안 좋은 회사들과 좋은 선배들을 만나서 이 자리를 유지하고 있지만 그것도 어느 순간 모진 풍랑에 휩쓸려갈지 아무도 알 수 없다.

그래서 습관이란 참 무서운 것이다. 신입사원 때부터 아니 전문대학교 시절부터 습관으로 굳어진 이 공부 습관이 현재의 나를 '일신우일신(日新又日新)'시키는 원동력이 된 것 같다. 반면 가족에게는 너무나 미안하다. 아내와 아이들과 함께 할 수 있는 시간이 별로 없는 것도 사실이다. 평소에는 밤늦게 들어가서 애들의 자는 모습만 볼 때가 많다. 더구나 토요일에는 보통 도서관을 가기 때문에 실제 아이들과 함께 하는 시간은 일요일 정도이다. 너무나 미안하고 아빠로서의 소임을 다하지 못하는 것 같아 마음이 짠하다. 아내는 어린 시절에 많이 놀아주지 못하면 아이들이 커서 소외당할 것이라고 지금 많이 놀아주라고 항상 이야기한다. 필자도 그 말에 공감한다. 필자는 몸으로 많이 놀아주지 못하는 아빠다. 몸을 움직이는 것에는 조금 게으르다. 그래서 그런지 아이들도 나와 몸으로 노는 것을 많이 요구하지 않는다. 그래서 나 자신에게 속상할 때도 있다.

하지만 이런 필자에게도 아이들에게 잘 할 수 있는 게 있다. 바로 지적으로 노는 것이다. 글쓰기에 관련된 이야기나 학교에서 해야 하는 숙제에는 필자도 기꺼이 동참한다. 좋은 결과물을 가지고 기뻐하는 큰 딸의 모습을 보면서 공부에 관한한 필자가 많은 도움을 줄 수 있을 것이라고 믿는다. 아이들도 아빠인 필자가 항상 집에서 책을 보고 있기 때문인지 책을 좋아한다. 그것을 보면 뿌듯하기도 하고 향후 필자가 같이 할 수 있는 일을 찾은 것 같아서 기분이 좋다.

공부가 숙제가 되면 괴롭다. 필자 역시 고등학교 시절에 공부가 너무 싫었다. 그 결과 재수 후에 전문대학을 가긴 했지만 지금은 오히려 주위에서 공부벌레로 불린다.

필자보다 더 지독하게 공부하는 사람들의 이야기를 들으면 더욱더 정진해야겠다는 생각이 든다.

공부는 끝이 없다고 한다. 공부가 끝이 없는 것이 아니라 공부에 대한 사람의 욕심이 끝이 없을 것이다. 공부를 함으로써 새로운 차원으로 들어갈 수 있다는 그 욕심, 열망이 사람들은 공부하게 만드는 것 같다. 억지 공부는 본인에게 도움이 되지 않는다. 정말 원해서 하는 공부가 아니라면 무엇이 남는 것일까? 이루고자 하는 이상(理想), 지식의 넓이를 넓히는 그러한 공부가 아니라면 언젠가는 지치고 도중에 그만 두게 된다. 이 책을 읽는 여러분은 어떠한 사람인가? 샐러던트로서 단순히 살아남기 위해 공부하는 것인가, 아니면 새로운 지식을 쌓아 내 의식을 확장하고 좀 더 새로운 도전을 하고 하는 사람인가. 적어도 후자가 똑같은 시간을 투자하더라도 습득의 정도에 있어서는 훨씬 빠를 것이다.

생존형 억지 샐러던트가 되지 말고 진정한 본인만의 공부를 찾아 인생의 변혁을 일으킬 수 있는 창조형 샐러던트가 되도록 하자.

트렌드에 민감해야 새로운 기회가 온다

프로덕트 매니저는 새로운 트렌드에 항상 민감해야 한다. 내 분야가 아니더라도 현재 새롭게 뜨고 있는 분야가 있다면 그에 대한 지식을 새롭게 쌓아야 한다. 언제 자신의 제품과 결합이 될지도 모르기 때문이다. 프로덕트 매니저는 모든 제품과의 융합에 대해 항상 오픈 마인드가 되어 있어야 한다. 지금 필자가 담당하고 있는 분야가 10년, 20년 계속 나아갈 수 있을 것 같은가? 10년 전에는 그랬을지 몰라도 현재의 시점에서는 어림없는 소리다. 클라우드 및 빅데이터라는 거대한 물결은 모든 것을 바꾸어 놓았다. 심지어 IT와 상관없던 사람들도 이제는 IT를 알지 못하고서는 제대로 된 일을 할 수가 없을 정도다.

자고 일어나면 바뀌는 이러한 새로운 트렌드를 프로덕트 매니저는 결코 외면해서는 안된다. 항상 최신 트렌드를 신문이나 잡지에서 스크랩해서 읽어 보아야 한다. 조금이라도 관심이 생기는 분야에 대해서는 별도로 자료를 수집하여 공부하라.

그리고 그 트렌드를 본인과 본인의 제품에 결합할 수 있는지를 고민해야 한다. 기회는 우연히 오는 것이지만 그 기회를 잡으려면 반드시 노력이 들어가야 하는 것이다. '우연을 가장한 기회'라는 말이 바로 그런 것이다. 가만히 멈춰 있으면 우연도 기회도 오지 않는다.

공부하고 공부하고 공부하라! 새로운 기회가 어느 순간 내 주위를 휙 지나가고 있는지도 모른다.

그것을 잡아내려면 꾸준히 정보를 모으고 새로운 영역을 공부해야 한다.

대학에서 너무 공부를 많이 해서 지겨워서 더 이상 못하겠다고? 겨우 4년동안 대학교에서 배운 지식으로 30-40년 직장생활에서 살아남을 수 있을 것 같은가? 대학을 졸업함과 동시에 이젠 살아남기 위한 공부를 해야 한다.

죽을 때까지 공부하기 싫으면 프로덕트 매니저하지마라! 프로덕트 매니저는 지식습득에 대한 열정이 1순위이다. 오늘부터라도 당장 당신의 지식을 새롭게 재무장하라!

6.4 프로덕트 매니저로 스타트업 시대를 준비하라

버핏연구소 이민주 소장은 그의 저서 〈지금까지 없던 세상〉에서 포드자동차로부터 시작된 고용 사회가 막을 내리고 있다고 언급했다. 고용 사회는 1903년 자동차왕 헨리 포드가 미국에서 포드 자동차 회사를 설립하고 포디즘을 도입하면서 시작되었다. 이것은 불과 110년 전의 일이며 한국의 고용 사회의 역사는 50년 밖에 되지 않지만 벌써 막을 내리고 있는 것이다. 미국과 비슷하게 우리나라도 해고가 일상이 되어 가고 있으며 적극적인 구조조정에 나서고 있다.

10년이면 강산이 바뀐다고 한다. 하지만 최근의 변화하는 추세는 10년이 아니라 2~3년 단위로 숨가쁘게 바뀌고 있다. 이러한 급격한 변화는 인터넷으로부터 시작된 신기술 혁명 때문이다. 인터넷은 우리 지구 전체를 아주 빠르게 변화시키고 있다. 인터넷을 통해 클라우드, 빅데이터와 같은 혁신적인 신기술들이 생겨났다. 휴대폰에서 인터넷을 즐기는 스마트폰 시대가 불과 5년이 되지 않았다. 스마트폰을 통해 할 수 있는 일은 거의 무한대이다. 이러한 환경에서 신기술은 더욱더 가속화되어 가고 우리가 모르는 새로운 직업들이 나날이 생겨나고 있다.

이러한 시대에 우리가 할 수 있는 일이 무엇일까? 아직도 고용 보장이 될 것이라고 믿으며 공무원 시험에 올인하는 대학생들이 많다. 아직도 의사, 변호사 등 사자 들어가는 직업을 목표로 고시원에서 밤낮없이 공부하고 있는 학생들도 부지기수다. 하지만 이제 시대가 변해 가고 있다. 미래를 보장하는 약속된 직업은 앞으로는 존재하지 않는 시대가 올 것이다. 계속되는 변화에 적응할 수 있는 그러한 직업이 필요하다. 필자는 그러한 직업 중 하나가 프로덕트 매니저라고 생각한다. 왜냐고? 프로덕트 매니저는 직장 생활에서 익힐 수 있는 모든 것을 익힐 수 있기 때문이다. 프로덕트 매니저는 회사의 미니 CEO이므로 작은 회사를 미리 운영한다는 경험을 미리 해볼 수 있다. 그 뿐이랴, 프로덕트 매니저는 기술적인 부분에서는 스페셜리스트이지만 제품의 전반적인 부분을 책임지는 제너럴리스트로서의 역할도 수행한다. 프로덕트 매니저로서의 경력을 쌓으면 향후에는 전략 기획자, 마케터, 전문 프리젠터 혹은 프로 강사 같은 직업으로 확장할 수도 있다.

프로덕트 매니저로 다가올 스타트업 시대를 준비하라

이처럼 프로덕트 매니저 직업에서의 경험은 많은 것을 얻게 해 준다. 고용 사회가 끝나가는 이 시점에서 더 이상 회사라는 거대한 공장의 작은 나사가 되지 말고 제품이라는 커다란 공장을 운영하는 프로덕트 매니저가 되어라. 프로덕트 매니저의 경험은 곧바로 스타트업으로 연결될 수 있다. 회사 내 제품의 오너로서의 프로덕트 매니저의 경험이라면 1인 스타트업으로의 독립은 별로 어렵지 않다. 프로덕트 매니저로서의 모든 경험이 고스란히 스타트업의 창업에 토대가 되기 때문이다. 스타트업은 모든 것을 본인이 기획하고 홍보하고 판매해야 한다. 어떤가? 이제까지 언급했던 프로덕트 매니저의 일과 너무 똑같지 않은가? 문제는 차별화된 컨텐츠이다. 차별화된 컨텐츠만 있다면 남은 것은 이제까지 쌓은 당신의 프로덕트 매니저로서의 경험만 녹여내면 된다. 여러분의 컨텐츠냐 회사의 컨텐츠냐의 차이만 있을 뿐 프로덕트 매니저가 하는 일에는 별반 차이가 없다. 이처럼 향후 스타트업을 고려하고 있다면 사전 준비 단계로 프로덕트 매니저만큼 딱 맞는 직업도 없다.

평생 직업의 시대가 활짝 열렸다. 더 이상 직장이라는 울타리에만 매달리지 말라. 당장 오늘부터 스타트업 시대를 준비하는 최고의 직업, 프로덕트 매니저에 도전하라.

여러분의 건투를 빈다.

부록 에필로그

한국의 프로덕트 매니저 10만 양성을 기대하며

첫 번째 책이 출판되었다. 시중에는 쉽게 읽히는 프로덕트 매니저를 위한 책이 없다. 번역서는 필자가 이해하기에도 어려웠다. 또한 너무 IT적인 관점에서만 쓰여져 있었다. 그래서 이 책을 썼다. 이 책은 프로덕트 매니저의 이론적인 부분을 알려주는 책이 아니다. 프로덕트 매니저의 매뉴얼적인 절차를 소개한 책도 아니다.

이미 다른 책들이 그러한 것들을 잘 알려주고 있기 때문에 필자의 책에서는 그런 것들은 지양하고 싶었다. 프로덕트 매니저는 특정 업계와 상관없이 모든 분야에서 이런 일을 해야 한다고 알리고 싶었다. 물론 필자가 IT 업계에서 일을 하기 때문에 IT 업계의 경험을 쓸 수밖에 없는 한계도 있다. 이 점 사과한다. 대신 복잡한 이론과 용어는 가능한 쓰지 않았다.

프로덕트 매니저는 기업에 많이 필요하다. 프로덕트 매니저가 구체적으로 무슨 일을 하는지도 잘 모르는 경우가 많다. 잘나가는 프로덕트 매니저는 희소성의 가치가 있다. 제대로 된 프로덕트 매니저 한 명을 채용하는 것은 쉽지 않다. 한 명의 제대로 된 프로덕트 매니저를 통해 제품이 시장에서 히트 상품이 될 수도 있고 죽어가던 기업을 살릴 수도 있다. 프로덕트 매니저의 잘못된 판단에 의해 시장에서 제품이 순식간에 사장될 수도 있다. 전략이 없어 잘 팔리지 않던 제품, 회사의 제품은 있지만 그것을 실제로 잘 추진할 수 있는 적합한 사람. 그런 사람이 바로 제대로 된 프로덕트 매니저이다.

프로덕트 매니저는 기업 내의 슈퍼히어로다. 때로는 회사에서 프로덕트 매니저에게 너무 과도한 요구를 하는 경우도 있다. 이것을 슬기롭게 해결해 나가는 것도 프로덕트 매니저의 능력이라고 본다. 능력 있는 프로덕트 매니저는 단순히 일을 많이 하는 것이 아니다. 효율적으로 일을 잘하는 프로덕트 매니저가 능력 있는 프로덕트 매니저라고 생각한다.

과도한 업무에 시달릴 때는 한발 물러서서 일을 효율화하라. 모든 일이 내 일이 될 수는 없다. 그렇게 만들어서도 안된다. 그럴 때는 한발 물러서서 본인이 하고 있는 업무를 다시 검토하고 본인이 하지 않아도 될 일, 본인이 반드시 해야 할 일을 다시 재정의하는 것이 필요하다. 또한 프로덕트 매니저 일을 할 때 발생하는 각 부서와의 갈등은 반드시 넘어야 할 산이다. 일을 진행하면서 갈등이 없을 수는 없다. 새로운 일을 추진하다 보면 각 부서와 적어도 한번 씩은 갈등이 생기고 다툼이 생기게 된다. 각 부서에서 수용할 수 있는 것이 있고 수용할 수 없는 것이 있기 마련이다. 이럴 때 현명한 프로덕트 매니저는 한발 물러서서 다른 부서의 고민까지도 함께 끌어안고 공동으로 해결하기 위해 노력해 주어야 한다. 그래야만 진정으로 협력 관계가 이루어지고 타협점을 찾을 수 있다. 각자의 입장만 고려하여 일을 진행한다면 결국 일처리는 지지부진해진다. 각자의 입장만 고수하다가 다툼이 발생한다. 이럴 때 아교 역할을 프로덕트 매니저는 자진해서 수행해야 한다. 결국 원만한 일 처리는 제품의 빠른 출시 및 판매를 위해 필요하며 결국은 프로덕트 매니저 본인을 위해서도 이롭다.

마지막으로, 이 책을 읽는 후배들에게 한마디 하자면, 평범하고 안전하게 살려고 하지마라. 평범하게 살면서 기업의 월급을 받고자 한다면 그것은 도둑놈 심보이다. 대학 때 힘들게 공부했으니 기업에서는 안전하고 편안하게 일하고 싶다고? 그 것은 본인만의 욕심을 위한 삶이다. 기업은 전쟁터다. 기업은 정글이다. 말년 부장까지 가서 은퇴하는 것은 이제 기껏해야 100명 중에 1명 꼴이다. 정년이 보장된다고 생각하는 것은 이제는 정말 안이한 생각이다.

그 보다는 본인의 능력을 시장에서 평가받고 인정받기 위해서 죽을 힘을 다해 공부해야 한다. 새로운 지식을 계속 습득해야 한다. 직장에 안주하려고 하지 마라. 그러는 순간 경쟁력은 없어지고 회사에만 의존하는 기생충 같은 삶을 사는 인간이 된다. 발전이 없는 삶이 된다. 퇴출당하면 갈 곳 없어 전전긍긍하는 삶을 살게 된다. 100세 시대이다. 100세까지 어떻게 살 것인가? 기업에서 운 좋게 60세까지 다닌다고 해도 그 이후는 어떻게 살아갈 것인가. 공부해야 한다. 치열하게 공부하고 본인이 어떤 부분을 잘 할 수 있는지 지금부터 고민해야 한다.

프로덕트 매니저야 말로 그런 물음에 해답을 줄 수 있다. 전략적으로 살아가기 위한 기획력을 익힐 수 있으며 자신을 세상에 알릴 수 있는 마케팅 지식을 배울 수 있다. 대중 앞에서 쫄지 않고 본인의 브랜드력을 PR할 수 있는 프리젠테이션 능력을 배양할 수 있다. 프로덕트 매니저를 하며 배우는 이러한 능력들은 기업 시장이라는 정글에서 여러분이 살아남을 수 있게 만드는 강력한 무기가 될 것이다.

필자는 이러한 무기들을 요즘 갈고 닦으며 새로운 도전을 준비하고 있다. 하루하루가 즐겁게 프로덕트 매니저의 일을 새롭게 배우고 있다. 이 책을 쓰는 첫 번째 이유도 그것이다. 필자가 배운 일을 책을 통해 정리하고 나를 알릴 수 있는 새로운 도전으로 책을 쓰고 있으며 하루하루 두근거리는 마음으로 살고 있다. 한 가지만 보고 살았다면 결코 할 수 없는 도전을 하고 있는 것이다. 이 책을 통해 프로덕트 매니저에 관심 있는 후배들이 많아졌으면 하는 바람이다. 새로운 무엇인가를 익힌다는 열망이 있고 새로운 일에 도전해 보고자 한다면 언제든지 프로덕트 매니저 직군에 도전하라.

"No Pain, No Gain" 필자가 너무도 좋아하는 말인데 이 말을 "No Challenge, No Gain"이라고 바꾸고 싶다. 새로운 것에 대한 도전이 없으면 얻는 것도 없기 때문이다. 이제 갓 프로덕트 매니저가 된 예비 PM들은 정말 운이 좋다. 본인이 무엇을 하고 있는지 잘하고 있는지 고민하지 마라. 프로덕트 매니저로서 갖추어야 할 소양을 끊임없이 준비하고 멀티플레이어로서 사내에서 스타가 되어라. 시장에서 여러분의 제품이 뜰수록 여러분은 경쟁력을 갖게 되고 여러분의 브랜드력은 올라갈 것이다.

이 책이 한국의 10만 프로덕트 매니저 양성에 조금이라도 도움이 되었으면 한다.

부디 안주하는 삶 보다는 도전하는 삶에 자신을 걸어보기 바란다.

프로덕트 매니저로서의 빛나는 당신의 도전을 응원한다!

— 프로덕트 매니저 최기원

부록 Q&A

프로덕트 매니저가 되고 싶은 사람들을 위한 Q&A

Q1 프로덕트 매니저가 구체적으로 어떤 일을 하는지 궁금해요.

프로덕트 매니저는 기업 내에서 정말 다양한 일을 수행하고 있습니다. 프로덕트 매니저가 하는 일이 궁금하다면 다음의 Job Description을 눈여겨 봐두는 것이 좋을 것 같습니다. 프로덕트 매니저와 프로덕트 마케팅 매니저의 일이 약간씩 다르긴 하지만 아래 잡 디스크립션에 나오는 내용은 비슷하므로 참고하시면 됩니다.

[Product Manager Job Description]

- 모든 부서와 협력하여 제품의 시장 진입 계획을 개발
- 제품의 핵심 포지셔닝, 메시징 및 세분화를 개발
- 고객 면담 매뉴얼 작성
- ROI 분석
- 제품 가격 결정
- 구매자와 경쟁, 새로운 시장 전문가 조사

- 프리젠테이션, 데모, 데이터 시트, 백서, 등의 콘텐츠를 개발
- 파트너 및 잠재 고객의 회의를 지원하기 위해 필요한 효과적인 프레젠테이션과 제품 데모를 전달
- 회사의 제품 리더와 기획자로 활동
- 새로운 기술에 대한 강한 호기심
- 힘든 흥미로운 문제를 해결하기 위한 문제 해결력
- 다양하게 변화하는 상황에 대응하는 적응력
- 손익 분석
- 뛰어난 커뮤니케이션 능력
- 뛰어난 제품 기획력

Q2 프로덕트 매니저를 위한 자격증이 있나요?

아직 국내에서 공식적으로 시험을 보고 취득할 수 있는 자격증은 존재하지 않습니다. 대부분의 프로덕트 매니저의 일은 경력 위주이므로 경력 위주의 포트폴리오는 차근차근 준비하는 것이 좋을 것 같습니다. 프로덕트 매니저는 마케팅 분야와 뗄 수 없는 관계에 있으므로 마케팅 관련 자격증도 취업 시 도움이 될 듯 합니다. 하지만 자격증은 어디까지나 보조 수단일 뿐입니다. 취업만을 위한 자격증보다는 그 회사의 제품에 대한 분석 및 향후 시장의 트렌드를 파악하여 제출한다면 많은 점수를 얻을 수 있을 것입니다. 또한 B2B 분야는 기술이 중심이 되어야 하므로 제품에 대한 기술적인 이해도를 면접관에게 어필할 수 있다면 금상첨화겠죠?

Q3 대학생인데 프로덕트 매니저가 되려면 어떻게 준비해야 할까요?

본인이 어떤 분야에서 일하고 싶은지를 먼저 명확히 해야 합니다. 본인이 선택한 전공이 프로덕트 매니저 분야로 진출할 수 있는 분야라면 해당 산업에 대해 깊이 공부해보세요. 예를 들어, 기계공학과 출신이라면 산업 기자재 분야에 대한 관련 제품이나 시장 트렌드들을 공부하는 것입니다. 그리고 해당 분야에서 잘 나가는 외국계 기업이나 자기가 가고 싶은 기업들을 분석해 보세요. 범위가 좁혀질 겁니다. 그 기업들을 집중적으로 분석하고 제품에 대한 이해도를 높여 보세요. 너무 광범위한 부분을 하다 보면 제품에 지칠 수 있습니다. 본인이 IT 개발자로 시작하려면 스타트업 기업들도 고려해 볼 수 있을 겁니다. 개발자가 힘든 직종임에는 분명하지만 최근의 스타트업들은 남다른 사업 아이템으로 대박을 터트리는 곳들도 있으니 그러한 기회도 노려봄직 합니다. 또한 프로덕트 관리만이 아닌 프로젝트 관리에 대한 부분도 일정 부분 사전에 공부해 두시면 좋습니다. 프로덕트 매니저는 다양한 소규모의 프로젝트를 관리하기 때문에 프로젝트에 대한 이해도도 높여두면 도움이 됩니다. 프로젝트 매니지먼트 분야의 경우 국내에 PMP 자격증이 있으므로 이 자격증을 취득하는 것도 미래 경쟁력을 높일 수 있는 방법이 됩니다.

Q4 외국계 프로덕트 매니저와 국내 기업의 프로덕트 매니저에 차이가 있나요?

외국계 기업은 실적 위주입니다. 실적에 따라 모든 것이 결정됩니다. 특히 본사로부터 직접 관리를 받는 경우는 더욱 그렇습니다. 특히 미국계 회사는 실적을 위주로 평가하기 때문에 실적이 좋지 않을 경우 하루아침에 자리를 잃을 수 있습니다. 심심찮게 들려오는 얘기로 어느날 갑자기 해고 통지가 내려져서 출근길에 카드키를 빼앗기는 경우도 있다고 합니다. 그만큼 직업 안정에 대한 리스크는 큰 편이지요. 실적이 좋을 경우의 이득은 엄청납니다. 복지의 경우에도 국내 기업보다는 훨씬 좋은 편이구요. 실적 초과 시 연봉의 2배 이상의 인센티브를 주는 외국계 업체가 흔합니다. 외국계의 차장 정도 되면 연봉이 기본 1억 원은 넘어갑니다. 제가 알고 있는 IT 회사의 지인들이 대부분 이렇게 받습니다. 과장급만 해도 7-8000만 원 이상의 연봉을 받기 때문에 매력적인 부분임에는 틀림없습니다. 국내 대기업은 외국계 보다는 고용이 안정되어 있습니다. 하지만 이제는 그러한 시대도 끝나고 있습니다. 외국계보다야 덜 하겠지만 국내 기업도 더 이상 실적이 없는 담당자를 그대로 내버려 두는 일은 없습니다. 또한 연봉도 회사 내부 정책에 따라 정해져 있기 때문에 그 이상을 받기는 힘듭니다. 중소기업은 두말할 것도 없지요. 사회 초년생이 처음부터 외국계로 가기는 상당히 힘듭니다. 경쟁도 국내 대기업 만큼 치열하지요. 하지만 치열한 경쟁을 뚫고 들어간 만큼 매력적인 요소가 많은 것이 외국계 기업입니다.

Q5 저는 현재 B2C 마케터인데 B2B 프로덕트 매니저로 전향하고 싶어요. 어떻게 해야 할까요?

B2B 프로덕트 매니저나 마케터의 경우 기술 중심의 업무가 많습니다. 마케터라고 하더라도 해당 제품에 대한 기술적인 지식은 가지고 계셔야 합니다. 저희 회사는 서버나 스토리지 같은 하드웨어 제품을 판매하고 있습니다. 해당 제품에 대한 지식이 없다면 제품 전략을 수립하기도 벅찰 겁니다. 프로덕트 매니저는 제품에 대한 생산적인 지식부터 제품의 기술적인 측면, 조직 간 관계 등을 면밀히 살펴야 합니다. 또한 경쟁사의 제품들과도 비교 분석해서 최적의 판매 모델을 찾아야 합니다. 모든 부서를 연결해 주는 다리 역할을 해야 하기 때문에 각 조직의 많은 분들과 친해지는 일도 해야 합니다. 제가 경험한 바로는 일단 제품에 대해 전문가 수준의 지식을 보유하는 것이 먼저일 듯 합니다. 사람들이 알아서 프로덕트 매니저를 찾아오게 되니까요. 어려우시겠지만 해당 제품이 속한 시장과 제품에 대해 먼저 전문가가 되시기 바랍니다. 프로덕트 매니저의 시작은 항상 제품입니다.

Q6 저는 엔지니어인데 프로덕트 매니저가 될 수 있을까요?

제품을 담당하는 기술 엔지니어가 프로덕트 매니저로 직무를 옮기는 경우가 많습니다. 제품에 대한 기술 전문가이기 때문에 별도의 기술 교육을 받지 않아도 됩니다. 새로 시작하는 제품의 경우에도 엔지니어들은 기술을 받아들이는 데 시간이 많이 걸리지 않습니다. 오히려 어려운 부분은 마케팅적인 부분과 대외 제품 소개 등의 능력입니다. 엔지니어의 경우 마케팅 부분은 상당히 약한 편입니다. 거의 생소한 분야죠. 3C나 SWOT 분석, STP 등 기획서를 작성함에 있어 관련 지식을 습득하고 적용하는 데 애로 사항을 많이 호소합니다. 비즈니스 전략 수립이 업무의 많은 부분을 차지하다 보니 이러한 역할을 평소에 습득하지 않았던 엔지니어라면 프로덕트 매니저 일에 적응하는 일이 쉽지 않을 것입니다. 또한 엔지니어들은 기술적으로도 본인만의 일을 주로 많이 하던 직군입니다. 프로덕트 매니저는 여러 관련 부서 사람들과 커뮤니케이션하면서 중재 역할을 해야 합니다. 이 부분에서도 엔지니어분들은 어려움을 많이 토로합니다. 이러한 어려움은 본인이 스스로 극복해 나가야 합니다. 기획 및 마케팅 전략을 수립하면서 관련된 경험과 지식을 쌓아 나가시기 바랍니다. 부서 간 커뮤니케이션에 적극적으로 참여하시고 본인 일이 아니라도 부서 간 의견을 조율하는 능력을 기르시기 바랍니다.

Q7 프로덕트 매니저로 업무를 수행하려면 어떤 것들을 잘 해야 할까요?

프로덕트 매니저에게 필요한 핵심 역량 부분을 잘 보셨다면 정리가 잘 될 듯 합니다. 첫 번째로, 제품에 대한 전문가적 이해를 바탕으로 기획 및 마케팅 역량을 키우셔야 합니다. 기획과 마케팅 역량은 하루 아침에 확 늘어나지 않습니다. 학교에서 배우는 지식은 이론일 뿐이며 실제 업무에서 어떻게 적용할 수 있는지 끊임없이 고민해야 합니다. 두 번째로, 제품에 대한 대외 홍보대사 역할입니다. B2B에서는 마케팅 인원 대신 프로덕트 매니저가 대부분 제품에 대한 소개 및 세미나를 진행합니다. 따라서 가급적 프리젠테이션을 통한 발표력을 길러두길 바랍니다. 요즘은 학생들의 발표력이 많이 향상되어 직장인 못지 않은 수준의 학생들이 많은 것 같습니다. 하지만 기업체를 대상으로 하는 발표와 일반 청중들을 대상으로 하는 발표는 상당히 다른 면이 있습니다. 이러한 부분은 실제 고객 세미나 및 전시회 참가를 통해서 길러지는 것이므로 이러한 경험을 많이 쌓는 것이 좋습니다.

Q8 외국계 프로덕트 매니저로 일하려면 외국어는 어느 정도 해야 하나요?

외국어 수준은 본인이 맡고 있는 환경에 따라 상당히 다릅니다. 인원 규모가 작은 외국계 기업의 경우 보통 월요일에 본사와 컨퍼런스 콜이라고 하는 다자간 전화 회의를 실시합니다. 거의 매주 이루어지기 때문에 영어 회화가 되지 않으면 의사소통이 불가능합니다. 국내 기업에서 외국계 기업으로 이직한 경력직의 경우 초기에는 컨퍼런스 콜 때문에 스트레스를 많이 받습니다. 전화로만 대화가 이루어지므로 회화 능력이 아주 중요합니다. 인원 규모가 큰 외국계 기업의 경우 컨퍼런스 콜보다는 본사에서 직접 방문하여 교육이나 회의를 실시하는 경우가 많습니다. 또한 주로 이메일을 통해서 업무가 진행되기 때문에 회화를 사용할 경우가 빈번하지는 않습니다. 기본적인 업무용 단어나 회화 패턴 정도만 알고 있어도 비즈니스 대화가 가능합니다. 기업마다 스타일이 다르니 그 회사의 외국어 사용 수준을 파악하고 대비하는 것이 좋겠습니다.

Q9 프로덕트 매니저 업무를 잘 하기 위해 유용한 툴이 있으면 알려주세요.

많은 프로덕트 매니저들이 기획과 마케팅 관련 도구를 많이 사용합니다. 제품 기획과 마케팅 전략 방향을 수립해야 하기 때문입니다. 기획이나 마케팅에서 주로 사용하는 도구로는 3C, SWOT 분석, BCG&GE 매트릭스, STP(4P) 등이 있습니다. 이러한 도구들은 B2C 영역 뿐만이 아니라 B2B 영역에서도 동일하게 사용되는 도구들이므로 이러한 툴들에 대한 지식을 평소에 많이 쌓아야 합니다. 이들 도구에 대해서는 기획이나 마케팅 서적에 자세히 언급되어 있으므로 관련 분야의 책을 구매하여 읽어보시면 될 것 같습니다. 반드시 본인의 것으로 만들어 업무에 적용해 보시기 바랍니다. 또한 대외 제품 소개를 주로 많이 하신다면 프리젠테이션 도구에 익숙해져야 합니다. 저는 주로 MS Office 프리젠테이션 제품을 사용하여 발표를 합니다. 각자에게 맞는 도구가 있을 테니 본인에게 맞는 도구를 활용하시면 되겠습니다. 기업용 발표에서 화려하게 변하는 애니메이션은 지양하기 바랍니다. 학교에서 보기 좋게 꾸미는 이리저리 애니메이션만 날아다니는 프리젠테이션은 기업 환경에서 환영받지 못합니다. 가급적 해당 기업 환경에서 사용하는 프리젠테이션을 많이 보고 카피하는 것도 좋은 방법일 것 같습니다.

Q10 제가 회사 내에서 역할이 마케터인지 프로덕트 매니저인지 잘 모르겠어요. 로드맵을 어떻게 잡아야 할까요?

작은 기업의 경우 혹은 프로덕트 매니저를 별도로 두지 않는 기업의 경우에는 마케팅 부서에 모든 일을 일임합니다. 특히 중소기업의 B2B 마케터의 경우 이러한 현상이 심각합니다. 마케터가 제품에 대한 기술적인 지식도 쌓아야 하고 마케팅에 관련된 모든 부분도 담당해야 하니까요. 이렇게 두 가지 일을 동시에 하다 보면 정작 현재 본인이 어떤 일을 하는 사람인지 헛갈릴 때가 많습니다. 프로덕트 매니저의 직무도 기술이 중심이 되는 프로덕트 매니저와 마케팅이 중심이 되는 프로덕트 마케팅 매니저, 두 가지로 나눠집니다. 본인이 하고 있는 일이 마케팅이라면 프로덕트 마케팅 매니저로서 로드맵을 가지고 가시면 될 것 같습니다. 제품의 기술에 많이 관여한다면 프로덕트 매니저로써 향후 커리어 패스를 쌓아가시면 될 것 같습니다.

두 직무의 역할이 미묘하게 틀리기 때문에 이직 시에도 구분된 역할을 채용하는 경우가 많이 있습니다. 향후 마케팅 분야로 전향할 것인지 기술 영업과 같은 영업 직군으로 전향할 것인지 확실한 방향을 잡고 커리어 패스를 쌓아 나가시기 바랍니다.